AF617803

El Acantilado, 519

POESÍA PARA PRINCIPIANTES

ADAM ZAGAJEWSKI

POESÍA PARA PRINCIPIANTES

TRADUCCIÓN DEL POLACO
DE ANNA RUBIÓ Y JERZY SŁAWOMIRSKI

BARCELONA 2026 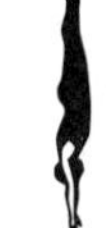 ACANTILADO

TÍTULO ORIGINAL *Poezja dla początkujących*

Publicado por
ACANTILADO
Quaderns Crema, S. A.

Muntaner, 462 - 08006 Barcelona
Tel. 934 144 906
correo@acantilado.es
www.acantilado.es

ISBN: 979-13-87964-15-3
DEPÓSITO LEGAL: B. 3818-2026

AIGUADEVIDRE *Gráfica*
QUADERNS CREMA *Composición*
ROMANYÀ-VALLS *Impresión y encuadernación*

PRIMERA EDICIÓN *marzo de 2026*

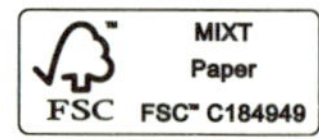

CONTENIDO

GRANITO Y ARCOÍRIS

Józef Czapski nos incomoda: nuestro mundo poblado de especialistas, donde el adjetivo *interdisciplinario* (una palabreja no demasiado bonita) sólo puede tener un matiz irónico o utópico, no parece apañárselas del todo bien con la figura de aquel artista eminente, que fue al mismo tiempo pintor y conocedor del arte, partícipe y testigo de acontecimientos trágicos, soldado, cronista, editor, viajero a su pesar, patriota y cosmopolita. Y también un excelente escritor, autor de una prosa que no tiene nada que envidiar a las mejores páginas de Białoszewski[1] o Iwaszkiewicz.[2]

Virginia Woolf dijo que un buen libro sobre un escritor o un artista debería dar cuenta de las dos dimensiones de su biografía: la vida, empírica y despiadada, y los sueños que planean por encima de ella, la imaginación; es decir: «el granito y el arcoíris». Los historiadores objetivos a menudo descuidan los sueños y la imaginación—porque ¿acaso pueden verse?—. Yo me siento incapaz de escribir una biografía de Czapski (ni ninguna otra), pero incluso un esbozo breve no debería pasar por alto estas dos facetas de su destino y de su talante. Pocos como Józef Czapski encajan tan

[1] Miron Białoszewski (1922-1983), poeta, novelista, dramaturgo y actor polaco, célebre por su originalidad en el dominio de la lengua. (*Todas las notas son de los traductores*).

[2] Jarosław Iwaszkiewicz (1894-1980), escritor, poeta, dramaturgo, ensayista, crítico y traductor. Después de la Segunda Guerra Mundial, fue redactor jefe de la revista literaria *Twórczość* ('Creación'), presidente de la Unión de Escritores, diplomático y diputado del Parlamento polaco.

bien en las categorías que propuso la autora de *La señora Dalloway*. No en vano, fue él quien, en el lúgubre campo de prisioneros de Griazovets, hizo volar su pensamiento hasta la obra de Marcel Proust, el faubourg Saint-Germain, la insufrible señora Verdurin, la magia y el esnobismo de los Guermantes, y Barbote—todas aquellas cosas inexistentes, hijas de la imaginación de un genio neurótico que se parapetaba detrás de una pared forrada de corcho contra el bullicio de la cotidianidad parisina—. He aquí el granito y el arcoíris: la roca de la crueldad soviética y, en el lado opuesto, aquel soñador alto y enjuto dotado de un gran talento que, para colmo, no se limitó a guardar para sí aquellas hermosas fantasías como hubiera podido hacer cualquier introvertido erudito ante el horror de la situación, sino que las compartió sistemáticamente con sus compañeros de infortunio. ¡Y aquellas lecciones magistrales, ordenadas y redactadas, despiertan la admiración del lector francés todavía a principios del siglo XXI![1]

Sin embargo, la singularidad de Czapski radica también en el hecho de que no le hiciera ascos al «granito», de que no buscara refugiarse en las páginas de Proust: sentía que su deber era pagar la deuda contraída con la gente con la que se había tropezado, la deuda contraída con la pesadilla de Katyń (un crimen todavía rodeado del más estricto secreto por aquel entonces) y con sus camaradas, los oficiales del ejército polaco. Por eso escribió *En tierra inhumana*, un tratado sobre la impotencia de un hombre de buena voluntad

[1] Alusión a las charlas sobre literatura francesa que Czapski dio a sus compañeros del campo de prisioneros soviético de Griazovets durante su cautiverio y que serían publicadas en 1948 en *Kultura*, la célebre revista de la diáspora polaca en el exilio, recopiladas en 1987, y reeditadas en 2012 por Les Éditions Noir sur Blanc. En español, han sido publicadas por Siruela.

ante la gigantesca maquinaria de un Estado criminal.[1] Esta obra narra una historia colosal, estamos ante un libro que retrata el mal, pero que, al mismo tiempo, busca huellas de humanismo—no tan escasas como pudiera parecer—en el desierto soviético. Así debemos interpretar a Józef Czapski: en la duplicidad de su enfoque, en la escisión entre, por un lado, las interminables crónicas de las tertulias en el salón de la señora Verdurin, los lienzos de Cézanne, los poemas de Norwid[2] o de Hofmannsthal[3] y los encuentros con gente de bien y, por el otro, el horror del genocidio que se produjo a mediados del siglo XX.

Más tarde, ya en las cercanías de París, al abrigo de Maisons-Laffitte,[4] el granito serían también sus artículos siempre valientes y honestos que no rehuían los temas de actualidad y que a menudo fueron escritos por encargo de Jerzy Giedroyc o por iniciativa suya.[5] Por lo demás, Józef Czapski es uno de los pocos autores polacos que no tiene que avergonzarse de una sola palabra de las que escribió en la encrucijada de los años cuarenta y cincuenta, en aquellos momentos tan difíciles. Y, justo al lado del grani-

[1] Czapski, Józef, *En tierra inhumana*, trad. Anna Rubió y Jerzy Sławomirski, Barcelona, Acantilado, 2008.

[2] Cyprian Kamil Norwid (1821-1883), poeta, dramaturgo, pintor y escultor, uno de los representantes del Romanticismo polaco.

[3] Hugo von Hofmannsthal (1874-1929), poeta, narrador, dramaturgo y ensayista austríaco, libretista de algunas de las óperas de Richard Strauss.

[4] Localidad situada en la Île-de-France donde se encontraba la sede del Instytut Literacki, importante editorial de la emigración polaca fundada, entre otros, por Józef Czapski, su hermana Maria, Gustaw Herling-Grudziński y Jerzy Giedroyc, que se convertiría en el hogar de Czapski desde 1947 hasta su muerte.

[5] Jerzy Giedroyc (1906-2000), periodista, editor, activista político y cofundador y director del Instytut Literacki de París y de su revista, *Kultura*.

to, tenemos el arcoíris de sus ensayos sobre arte, poesía y literatura y, muy especialmente, el arcoíris de los arcoíris: un diario profundamente íntimo que se centra en los personajes más queridos por el autor—Simone Weil, Cézanne, Bonnard, Norwid—, cuyas obras y opiniones comenta y con quienes polemiza. En este diario, se nos revela otro Czapski, diríase que el auténtico. No obstante, el Czapski de *En tierra inhumana* también lo es.

Quien nos habla en el diario (mientras permanecemos a la espera de una publicación completa, sólo disponemos de unas pocas *Páginas arrancadas*)[1] ya no es un soldado o un publicista, sino un artista, un esteta y un erudito, un ser humano que vive con plenitud las penas y las alegrías, y al mismo tiempo un infatigable obrero de la pintura. Sí, un obrero, porque, incluso en los días malos, Czapski se afanaba por dejar constancia de su visión sobre el lienzo y se resignaba a trabajar sin tregua a machamartillo esperando el chispazo—así lo llamaba—. Y así transcurrían horas y días enteros de brega, a cambio de una revelación deslumbrante que no iba a durar más de unos pocos minutos. El Czapski del diario es también el juez de su vida, un juez severo consigo mismo, pero nunca con los demás, alguien que se reprocha múltiples negligencias y pecados—por ejemplo, lo que califica de «pecado de pereza»—, y que se muestra preocupado por la mengua de sus fuerzas vitales, puesto que no sabe—no puede saberlo—durante cuánto tiempo todavía le va a ser deparado pensar y trabajar, y es incapaz de adivinar que le ha sido concedido el don de la longevidad. ¿Perezoso? Eso no nos debe extrañar en absoluto, si

[1] Alusión a la edición en polaco de *Wyrwane strony* ('Páginas arrancadas'), publicada en 2010 por *Zeszyty Literackie* ('Cuadernos literarios'), una de las revistas literarias de más prestigio de Polonia.

tenemos en cuenta que incluso Piero della Francesca tenía fama entre sus contemporáneos de ser un pintor holgazán y que Kenneth Clark decía exactamente lo mismo de otro gigante, Leonardo da Vinci.

Tanto en el diario como en los ensayos que lo acompañaron, sobre todo en *Oko* ('El ojo')—un libro que contiene hermosos capítulos titulados de forma elocuente: «Sobre la visión y la contemplación», «Sobre las pausas en el trabajo», «Sobre los saltos y los vuelos» o «La pereza fértil»—, aunque también en muchos otros escritos, encontramos una especie de tratado místico disperso. Porque Czapski concebía el diario como una forma heterogénea, impura, donde la descripción detallada de la conversación mantenida el día anterior con un conocido convive con un ensayo breve sobre el arte, con aforismos propios o tomados en préstamo de sus autores predilectos, y, ¡cómo no!, con dibujos, esbozos de cuadros y retratos a lápiz de los amigos. Cabe recordar que estamos ante un diario primorosamente ilustrado.

Sin embargo—y siguiendo en ello los pasos de Maine de Biran o de Amiel, a quienes leyó y releyó apasionadamente durante decenios—, también concebía el diario (*journal intime*, lo llaman los franceses) como una especie de cuaderno de bitácora místico donde dar cuenta de la búsqueda de una realidad distinta, de un estado espiritual superior, de una actitud tan atenta que se convierte en plegaria (como decía a su vez Simone Weil, citando a Malebranche). Esta realidad superior, extremadamente frágil y difícil de alcanzar y de retener, desaparece por completo en los innumerables momentos de incertidumbre o en el ajetreo febril de la vida práctica, de la vida pragmática (sin duda alguna también imprescindible), aunque es precisamente ella la que le da sentido a una existencia que tiende a descomponerse en centenares de fragmentos inconexos como una bandeja de porcelana rota.

El diario de Czapski da fe de una interminable lucha por el recogimiento, de la lucha por un espacio donde éste pueda hacerse realidad entre las tribulaciones y las inquietudes provocadas por la situación económica, por la vida familiar o por la salud, entre los centenares de obligaciones y quehaceres propios de un intelectual exiliado que se mantiene leal a sus colegas de la redacción de *Kultura*; aunque esto fue así sobre todo en el primer período, puesto que, más tarde, Czapski vivió cada vez más aislado en la espaciosa villa de Maisons-Laffitte.

El cuaderno fue concebido como un registro de los altibajos emocionales, pero de hecho tenía que ser y acabó siendo mucho más que eso: se convirtió en un instrumento de la concentración, en su lente de aumento, en su herramienta y al mismo tiempo en su propia crónica. Tenía la misión de captar la concentración y consolidarla. Y también de llorar su desaparición cuando ésta se ocultaba quién sabe dónde durante días, semanas o meses, dejando tras de sí un recuerdo vago, nostalgia, y la imperiosa necesidad de recuperarla. Éste es el guion repetitivo que tan bien conocen algunos artistas: el nacimiento de una visión, el bendito momento de inspiración y, a continuación, la inevitable evanescencia de aquel instante tan dulce, a la que siguen memorables y a menudo infructuosas tentativas de atraparlo otra vez. Pero, en la hacienda espiritual de Czapski, había también largas semanas de melancolía, en las que el luto por el entusiasmo extinto se mezclaba con la tímida aunque siempre viva esperanza de que la creatividad, aquel «estado de vigilancia» ante el mundo, volvería a nacer.

En este sentido, el diario de Czapski sigue en gran medida el modelo del diario clásico del escritor o artista que, a menudo al anochecer después de toda una jornada de trabajo más o menos exitosa, registra las victorias y las derrotas obtenidas en la incesante persecución de un instante de lucidez, en el constante vaivén de alegrías y desesperaciones.

El modelo es clásico, pero no debemos olvidar que la obra de Czapski nos brinda algo muy distinto, algo del todo extraordinario. En la tradición europea, nos hemos acostumbrado a una división bastante obvia entre, por una parte, mentes como las del gran e incorruptible Orwell, cuyos dominios son la verdad de la vida colectiva política e histórica y, por la otra, talantes puramente artísticos que permanecen impasibles ante la brutalidad de la historia o la crueldad de las guerras y de las persecuciones políticas: Paul Valéry conquistó la fama con el poema «La jeune Parque» («La joven Parca») publicado en 1917 y desprovisto de cualquier referencia a los espeluznantes acontecimientos de la época, Rilke apartó la mirada de Verdún y de los otros campos de batalla, y el viejo Matisse hizo caso omiso de la barbarie de la Segunda Guerra Mundial (no tenía tiempo)... Y todos ellos eran artistas que interesaban enormemente a Czapski, aunque, eso sí, se preguntaba cómo Matisse había podido permanecer indiferente ante la catástrofe de la guerra y del Holocausto.

Porque Czapski no solamente intentó comprender la naturaleza del infierno del siglo XX, sino que él mismo había estado en lo más profundo de aquel infierno y, más tarde, a su regreso a una vida apacible y hacendosa, se había negado a olvidar aquella experiencia. El recuerdo de lo que había vivido y de lo que había visto dejó impronta en casi todos sus textos y en algunos de sus cuadros, la encontramos en su diario y traslucía en sus conversaciones, y también en la simpatía creciente del viejo pintor por el expresionismo, en su incesante pregunta de si «es posible pintar el sufrimiento...».

Sin embargo, podemos extendernos más en este tema y plantearlo desde un punto de vista distinto. Cuando, en 1988, el crítico literario británico Al Alvarez dijo en una reseña de los *Collected Poems* de Czesław Miłosz—una reseña, por cierto, muy halagüeña—que el autor de aquellos versos había sido un «testigo del siglo XX», el poeta se enojó y mandó una carta a la redacción en la que protestaba contra aquel calificativo. Miłosz se veía a sí mismo como poeta *tout court*, un poeta para quien la historia, una historia aterradora, sólo representaba uno de tantos estorbos en el camino y no se había convertido en su único tema, ni era lo único que daba sentido a su peregrinaje poético. Y sin duda estaba en lo cierto, aunque seguramente debió de darse cuenta del riesgo que el mero acto de protestar suponía para el autor del libro reseñado: debió de ser consciente de que estaba violando una regla tácita, de que estaba haciendo algo que no hay que hacer nunca.

No sabemos, no podemos saber, cómo habría reaccionado Czapski en una situación semejante. Dado que era de talante mucho más pacífico, probablemente habría permanecido en silencio, pero en él, en el complicado tejido de su oficio y de su obra, encontramos un paradigma parecido, las mismas tensiones. Él también fue testigo del siglo XX y, en su obra, también supo ir más allá del mero acto de «testificar». Sus lienzos se abren a la belleza y al horror del universo, al gran universo que puede contemplarse al rayar el alba y es anterior a la construcción de los barracones de los campos de exterminio, y sus escritos surgen de la contemplación de todas las vidas, no solamente de vidas truncadas.

Parece que lo más valioso de la reciente tradición literaria polaca es lo que une a Czapski con Miłosz: el hecho de que los acontecimientos históricos vividos y registrados no delimitan su horizonte, aunque estén muy presentes y sean esenciales. Su horizonte es más grande, porque se centra en el asombro mayúsculo que les causa la realidad, en el deleite en lo ordinario y en lo extraordinario, y en la pregunta por el sentido de la totalidad; diríase, pues, que estamos ante algo sumamente clásico y ahistórico. Estamos ante la fascinación por lo cotidiano y también por lo insólito, por un rostro de mujer vislumbrado en un vagón de metro, por el interior de un teatro parisino, o por la nube que se ha detenido por un instante sobre la autopista como si la quisiese mirar de cerca. Y, en medio de todo eso, la historia es un intruso que a veces comparece como un huésped inoportuno al que hay que atender, puesto que ha hecho acto de presencia. ¡Y no necesariamente en todas las páginas tiene que aparecer un personaje procedente de la pesadilla de la historia («desencadenada»), de aquel sueño espantoso del que anteriormente intentó despertar James Joyce![1] Y, cosa extraña, estas dos perspectivas—una puramente histórica, la otra contemplativa—no tienen por qué excluirse mutuamente ni anularse.

En Czapski, la tensión entre las dos perspectivas parece incluso más fuerte que en Miłosz. No hemos olvidado que, como artista y teórico de la pintura, se mostró enérgicamente contrario a la tradición de Matejko, la corriente más importante de las bellas artes polacas en la que predominan los temas históricos.[2] Y vale la pena recordar la alergia que

[1] «Historia desencadenada», expresión acuñada por el ensayista polaco Jerzy Stempowski (1893-1969) para referirse a los horrores del siglo XX, y que más tarde popularizaría en sus diarios el escritor Gustaw Herling-Grudziński (1919-2000).

[2] Jan Matejko (1838-1893), pintor cracoviano, célebre por sus cuadros que representan personajes y grandes acontecimientos de la historia polaca y que contribuyeron en gran manera a la construcción del imaginario histórico de los polacos.

le provocó la exposición *Romanticismo y romanticidad*, cuyos comisarios fueron Marek Rostworowski y Jacek Waltoś y que pudo ser visitada también en París. Ambicionaba liberar al arte polaco de la tesis que pregona que el tema es más importante que la forma y rechazó de plano la tradición según la cual retratar la historia nacional es el principal objetivo artístico. Józef Czapski se sentía más cerca de la visión occidental del arte, sobre todo del arte contemporáneo, que se rebelaba contra el historicismo y según la que un bodegón significa más que la batalla de Grunwald, y un jarrón con un asa rota puede resultar mucho más interesante que un mandoble y una armadura.[1]

¡Y, sin embargo, el Czapski escritor no puede prescindir de la conciencia histórica, no logra desembarazarse de sus vivencias, no es capaz de escribir sobre un jarrón! Semejante en ello a Miłosz, se convirtió muy a su pesar en un testigo de la historia, en el testigo de uno de sus episodios más monstruosos, pero, aun así, se negó a que toda su creación—especialmente la creación artística, la pictórica—se desvaneciera en la historicidad.

Sabemos que el Czapski escritor debutó mucho antes de la guerra: no es que inicialmente fuera un «simple» pintor y sólo en una edad avanzada se estrenara como autor de libros y artículos, ¡qué va! Por lo visto—él diría «sencillamente»—, su pasión por pensar, observar, leer y pintar, y su fuerte necesidad de expresarse, eran tan incuestionables y abrumadoras que tuvieron que manifestarse desde una edad temprana. En su más tierna juventud, ya era un filó-

[1] Uno de los cuadros más conocidos de Matejko representa la batalla de Grunwald (15 de julio de 1410), en la que la alianza entre el Reino de Polonia y el Gran Ducado de Lituania derrotó a los caballeros teutónicos y que, con el tiempo, se convertiría en un símbolo nacional de lucha contra los invasores.

sofo y un teólogo entusiasta que se esforzaba por descubrir cómo ser bueno y cómo llevar una vida auténtica, creativa y decente; le apasionó la doctrina de Tolstói, se tomó a pecho la lección que le dio Merezhkovski, le embelesó el ardor de Stanisław Brzozowski,[1] con cuyos textos—nunca me canso de recordarlo—tropezó en la sala de espera de un dentista cracoviano (hoy en día, los dentistas de Cracovia no tienen libros de Brzozowski en la sala de espera), estudió a los pintores de l'École de Paris, devoró la obra maestra de Proust y descubrió a Corot en la National Gallery londinense. Y mantuvo conversaciones con Pankiewicz.[2] Siempre llevó una «doble vida» entre la pintura y el pensamiento, entre los libros y el caballete.

El ojo, y luego también *Contemplando* y *Leyendo*: los títulos de sus obras nos proporcionan pistas suficientes para comprender el talante de Czapski. ¡He aquí un autor a quien resultaba del todo ajeno cualquier atisbo de narcisismo, porque «contemplaba» obras de otros artistas y «leía» libros que no había escrito él! Naturalmente, el diario también está dedicado a sus estados de ánimo, pero en ningún caso de una forma narcisista. Czapski más bien se concibe a sí mismo como un instrumento, un operario, una herramienta. En nuestra época narcisista, representa una ac-

[1] Stanisław Brzozowski (1878-1911), filósofo, escritor, y crítico literario polaco, creador del concepto «filosofía del trabajo», en el que señaló el papel de la actividad humana en la recreación de la realidad. Brzozowski se manifestó sin ambigüedades en contra de las corrientes literarias polacas del siglo XIX, particularmente en contra de la tradición de la novela histórica representada, entre otros, por Henryk Sienkiewicz, premio nobel y autor de *Quo vadis*.

[2] Józef Pankiewicz (1866-1940), pintor, artista gráfico y pedagogo polaco, que desarrolló una parte importante de su carrera en Francia. Como profesor de arte, tuvo una gran influencia en los pintores postimpresionistas polacos.

titud distinta, más objetiva. Incluso cuando pinta autorretratos, parece asombrado: ¿éste soy yo? ¡No quepo en el espejo!

¿Místico? ¿Aristócrata? ¿Católico? Todos estos elementos son componentes importantes de la obra literaria de Czapski. Sin embargo, si alguien que la desconociese por completo se limitara a echar una ojeada a estos epítetos, seguramente pensaría: ¡ojo, aquí tenemos a un escritor hierático, conservador, tal vez del Opus Dei! Pero lo cierto es que, con la prosa de Czapski—y también con su pintura—ocurre algo extraño: de acuerdo, estamos ante alguien que va en busca de la luz mística, alguien ajeno a la arrogante antipatía que buena parte de las vanguardias siente por la religión, pero, al mismo tiempo, estamos ante un moderno, si es que este término todavía significa algo.

«Moderno» en el estilo, e incluso en la sintaxis, en la estructura, en la atmósfera. El Czapski literario es un creador extraordinariamente elástico, individual y libre. Los estudiosos del estilo utilizan a menudo los conceptos de «hipotaxis» y «parataxis». Pues bien, en la obra escrita de Czapski, rige la «parataxis» y no la «hipotaxis». Intentaré ser más claro: no vamos a encontrar en ella un cúmulo de oraciones unidas por la subordinación o la principalidad, es decir, jerarquizadas y alineadas en posición de firmes como los oficiales y los soldados en el patio de un cuartel, sino que veremos igualdad, equidad, una aglomeración de frases libre, liberalismo lingüístico, casi anarquía. Los teóricos afirman que la parataxis es el símbolo de la revolución modernista en el mundo del arte. ¡¿Quién sabe si no es precisamente en esto en lo que estriba el secreto del singular atractivo de esta prosa?! ¡¿En la insólita fusión de la búsqueda vertical con la expresión democrática, la fusión de la añoranza mística con la *égalité* sintáctica?!

Del palacio de Pryluki al modesto diván en una habitación de la primera planta de la casa de Maisons-Laffitte: hace ya tiempo que me fascina este peregrinaje, este cambio, este desclasamiento que dio resultados tan hermosos.[1] Trasluce en sus textos: la prosa de Czapski es movediza, suelta (Wojciech Karpiński lo explica de maravilla).[2] Sabemos que, hasta una edad muy avanzada, se desplazó en ciclomotor, en una *mobylette*; tal vez la agilidad de su prosa se deba en parte a la libertad de aquel jinete: lo que dejó huella en sus páginas no fue un comedido Mercedes que transportaba a un VIP pagado de sí mismo, sino un ciclomotor ágil y ligero.

Sin embargo, Czapski—al igual que Czesław Miłosz y Jerzy Stempowski—era al mismo tiempo uno de esos ensayistas que, acuciados por una idea o intrigados por una pregunta o un problema, buscan impacientes el camino más corto hasta la verdad. Todos ellos escriben muy bien, pero se indignarían si alguien elogiara su estilo, su manera de expresarse o su elegancia, porque éste no es el objetivo que persiguen. Existe otra escuela, la del ensayo florido, donde la búsqueda de la verdad tiene que ceder, al menos de vez en cuando, ante una metáfora primorosa, una ocurrencia graciosa o un símil brillante (cosa frecuente entre los ensayistas que enarbolan el estandarte de la deconstrucción en el sentido más amplio del término).

En este aspecto, Czapski no era nada «moderno». Nunca se cansó de perseguir la verdad.

[1] Pryluki, actualmente en Bielorrusia, lugar donde transcurrió la infancia de Czapski, en el palacio propiedad de su familia.

[2] Wojciech Karpiński (1943-2020), crítico literario y teórico de la literatura, autor de un libro e infinidad de artículos dedicados a Czapski.

SI ALGUIEN ME PREGUNTARA

Si alguien me preguntara: ¿qué es, en el fondo, la vida espiritual de la que tanto te gusta hablar en tus escritos, cosa que te llena de satisfacción y de cierto orgullo porque te hace sentir la mar de valiente y pasado de moda?

Los que trabajan con el intelecto, la mente, la imaginación o el espíritu—¡tachen ustedes lo que menos les guste!—están claramente divididos en categorías. Por lo que atañe a la poesía, la división es clara: en primer lugar, están los poetas, y en el segundo, tercero y cuarto, los críticos, los historiadores de la literatura, los bibliógrafos, los autores de las reseñas, y también, *last but not least*, los lectores. Los poetas son como son. Recuerdo que, años atrás, siendo yo un tímido debutante, me quejé en una conversación con Jan Błoński[1] de que los poetas con los que me iba topando fueran tan poco interesantes como personas, no siempre destacaran por su inteligencia y, en algún caso, empinaran el codo con demasiada frecuencia llegando incluso a farfullar. Błoński me miró fijamente, soltó una risilla y contestó con su insólita dicción: «Me parece que usted no lo entiende, esto tiene que ser así; es cierto, a primera vista, los poetas y, en general, los escritores parecen insulsos, poco comunicativos e incluso repugnantes en su egotismo, por no decir en su autismo. Más vale que se vaya acostumbrando. Ellos tienen momentos de grandeza, los momentos en que

[1] Jan Błoński (1931-2009), historiador de la literatura, crítico literario, ensayista, traductor y profesor de la Universidad Jaguelónica de Cracovia.

escriben, pero lo que ocurre es que, justo entonces, nadie los ve. Y, fuera de estos momentos, resultan poco atrayentes». Estoy seguro de que Błoński, autor de un libro sobre el ciclo novelesco de Proust, estaba pensando en el personaje de Bergotte, un escritor excelente que tenía «la nariz en forma de caracol» y no tenía nada interesante que lo diferenciara de los otros banales huéspedes de la señora Verdurin.

Volvamos a la categorización de los trabajadores del espíritu. Sigue siendo necesaria, aunque muchas cosas hayan cambiado y a pesar de que cada dos por tres se den casos nuevos de transgresión: los historiadores de la literatura escriben poemas, los críticos hacen otro tanto y los poetas proclaman teorías. Estos desórdenes son tan antiguos como el mundo, y tanto Horacio como T. S. Eliot, Miłosz o Brodsky pecaron contra el sacrosanto principio. A pesar de todo, tal vez valga la pena no perderlo de vista. Los poetas dicen cosas importantes, muy importantes, pero defienden sus intereses, luchan por sus valores (cosa a la que tienen todo el derecho del mundo), y no deben ni pueden pretender alcanzar la objetividad del filósofo o del crítico de alto nivel.

Pero dejemos de lado este asunto que, a fin de cuentas, resulta secundario.

Si buscamos respuesta a la pregunta sobre «la vida espiritual en la poesía», deberemos volvernos por un instante algo menos poéticos y tendremos que poner orden en una serie de nociones. La vida espiritual no puede entenderse como una especie de hedonismo místico, como un estado de embriaguez conseguido a base de soledad, música o contemplación (y huelga añadir que no tiene nada que ver con una actitud servil para con una institución determinada, para con alguna que otra Iglesia). Tal vez los tres elementos que acabo de mencionar sean imprescindibles—aunque la música no es capaz de remover a todas las almas y nadie condena ese hecho (por ejemplo, Kafka era del todo insensible a ella)—, pero creo que deben ir precedidos por el denuedo obstinado de una mente despejada, puesto que uno de los principales peligros de todas las épocas es la esclavitud intelectual, la rendición irreflexiva ante la corriente de pensamiento que predomina en un momento histórico determinado. Cimentar el placentero misticismo en una falsedad es, y debe ser, un grave error, aunque recuerdo el día en el que sometí a una crítica demoledora una de las características de la poseía de Brecht, a saber, el hecho de que «se cimentaba» en una interpretación peculiar del marxismo, a lo cual uno de mis estudiantes contestó: «¿Y Dante? ¿Acaso no se cimentaba en una interpretación peculiar del cristianismo?».

En la época comunista, pudimos comprobar hasta qué punto la ideología es capaz de moldear la literatura. En Polonia, aquello duró poco, pero duró, e incluso mentes de lo más selectas se sometieron durante algunos años a la ilusión hegeliano-marxista que prometía el oro y el moro, que prometía la liberación del hombre, pero que, en la práctica, lo llevó a la humillación y a la desgracia. Goethe dijo (cito a Sebastian Kleinschmidt): «Mientras perdure una época, no habrá manera de encontrar un punto de vista para juzgarla». Y, sin embargo, todos intentamos hacerlo…

Hace ya tiempo que nos hemos liberado de aquella amenaza, pero la historia no ha terminado, han surgido nuevas ilusiones, nuevas tendencias y nuevos arrebatos colectivos (pongamos por caso, distintas modalidades de posmodernismo, ya que ni siquiera merece la pena mencionar algo tan burdo y farandulero como el nacionalismo o el nacionalcatolicismo—*contradictio in adiecto*—que algunos nos sirven hoy en bandeja). Porque, para hablar de la vida espiritual, hay que asegurarse previamente de no ser un títere, un títere infeliz e insensato, aunque inteligente, que se conforta escuchando a Mozart y dando largos paseos al caer la noche.

En nuestra tradición más reciente, el ingente trabajo mental llevado a cabo por Czesław Miłosz—quien sufrió en sus carnes la tentadora mordedura hegeliana y tal vez incluso llevara consigo el resto de su vida la herida que le había infligido aquella bestia dialéctica—es la viva imagen de una mente extraordinaria que se va liberando de las ilusiones. Es más, como gran poeta que era, Miłosz estaba familiarizado con ambos estados: con los arduos esfuerzos de la razón y con el júbilo de la iluminación, una iluminación que finalmente se erigía sobre la verdad, y no sobre un espejismo.

Sin embargo, la poesía es algo tan imprevisible y misterioso que ni siquiera de Miłosz puede decirse que, en su juventud, solía ser «marxista hegeliano» o que, resumiendo la cuestión en una frase poco inteligente, «escribía poemas un poco más flojos», aunque más tarde vio la luz de la verdad y su arte poético adquirió un esplendor nuevo. No, las cosas no son así. El joven Miłosz también escribió poemas extraordinarios, magníficos, como «Nubes» de 1938, «Encuentro» o «Eres noche fuerte», también de los años treinta. ¿Cómo es posible? No lo sabemos y no lo sabremos nunca, pero demos las gracias por esta ignorancia a quien se la debamos, porque precisamente es ella la que hace que la poesía, igual que las demás artes, no pueda ser reducida jamás a un algoritmo universal (ahora, la palabra *algoritmo* está de moda).

No obstante, lo dicho no altera en absoluto mi convicción de que es del todo preferible prepararse para la alegría espiritual llevando a cabo previamente un trabajo intelectual detectivesco. Aunque también es cierto—aquí viene otra objeción—que, si echamos una mirada al olimpo de la poesía polaca, veremos que Zbigniew Herbert, sólo trece años más joven que el autor de *La mente cautiva*, se mostró tras un período de aprendizaje como alguien absolutamente libre de los venenos propios de la época. Libre, irónico e independiente. Provisto del don de palabra poética y de una extraordinaria capacidad de observación. Y no resultaría nada fácil demostrar que también él, igual que Miłosz, hubiese recorrido anteriormente el laberinto de los estudios del pensamiento humano contemporáneo. Al parecer no fue así: leyó a los autores antiguos, a los clásicos, y contempló con admiración las reproducciones de las obras de los grandes maestros italianos y holandeses; la suya fue otra clase de educación, un descenso hasta lo verdadero en substancia y no de resultas de una polémica, lo verdadero en detrimento de unos sistemas tambaleantes que eran hijos de mentes románticas y pasionales, pero también pasionalmente propensas a cometer errores.

No sería correcto llevarle la contraria a un gran poeta, pero si nos adentramos en el famoso poema «El poderío del gusto»:

> Para aquello desde luego no se requería de un fuerte carácter
> [...]
> tuvimos una pizca del coraje necesario
> mas en el fondo era sólo una cuestión de gusto,[1]

podemos preguntarnos si efectivamente todo se reducía a una «cuestión de gusto», a un problema puramente estéti-

[1] La traducción de este fragmento del poema de Herbert y de los siguientes es de Xaverio Ballester.

co, al hecho de que alguien nos enviaba «mujeres feas» Tal vez sólo se deba a un problema de lenguaje, a una *façon de parler*, pero tengo la sensación de que, aquí, el contacto con la substancia va más allá de divisiones meramente estéticas. Naturalmente, la última palabra la tiene el autor de este hermoso poema, pero yo llevo tiempo convencido de que la enorme aceptación de la que goza todavía hoy en día está provocada en parte por un ligero desacuerdo: no, en el fondo no era sólo una cuestión de gusto.

Los antiguos maestros no eran estetas, les importaba bien poco cómo «quedaba» alguien o algo. Solamente les importaba qué era. La fuerza de Herbert consiste precisamente en haber ido más allá de una cuestión de gusto, aunque es cierto que, al mismo tiempo, aspiraba a observar sus reglas; sí, quería ser visto como un gentleman, como un clásico. El contraste entre el enraizamiento de su poesía en la substancia y la imagen de dandi que desplegaba el poeta es intencionado y crea una tensión que construye y refuerza esta poesía.

Además, y como es sabido, el concepto de estética no apareció hasta el Siglo de las Luces. ¡A fe que los antiguos maestros no podían ni sospechar que, algún día, sus obras serían analizadas por científicos, por especialistas en «estética»!

¿Cómo se explican, pues, estos dos enfoques tan radicalmente distintos? Miłosz, que no deja de buscar, profundizar, comparar, evolucionar y analizar, y Herbert, que entra en el mundo de la poesía como si hubiera nacido libre. No lo sé. Uno podría hacer un comentario del todo banal, al estilo de «muchos senderos distintos llevan a la sabiduría». Todo parece indicar que Herbert, lector atento de la obra de Czesław Miłosz, sacó partido del trabajo llevado a cabo por su colega mayor. Sin duda, conocía a fondo *La mente cautiva* y los poemas de Miłosz. Es posible que nuestra conjetura sea correcta, lo cual, sin embargo, no le quita ningún mérito a Herbert, ni a su autonomía y a su madurez tempranas.

O sea que tenemos estos dos maestros tan distintos y, al mismo tiempo, tan parecidos. ¿Cómo los leemos hoy en día? Tal vez me equivoque, pero creo que Miłosz, que se abría paso hacia el aire puro con tanto tesón y nos dejó contemplar las entrañas de su taller filosófico en muchos de sus ensayos, poemas y tratados (unos textos que sólo hasta cierto punto constituyen etapas quemadas en la ascensión hasta la cima, puesto que conservan plenamente su asombrosa luz), está pagando por ello un precio excesivo. Es, o tal vez sólo se lo parece al lector, demasiado difícil, intrincado, dialéctico. Ha escrito demasiado, ha pensado en demasía. Tanta complicación nos abruma.

¡Cuán ingrata puede llegar a ser la posteridad! Fue Miłosz quien desbrozó para nosotros casi todos los senderos que, con el tiempo, se han convertido en un camino real, y ¡he aquí que ahora le hacemos ascos y buscamos una vía más fácil!

Aquí podemos apreciar dos niveles que, vistos de cerca, ni siquiera lo son: tenemos el reconocimiento intelectual de nuestro tiempo histórico y tenemos un momento menos arraigado en la historia que quizá a muchos les pueda parecer «místico».

¿Cómo coexisten estas dos esferas? El jesuita italiano del siglo XVII Tommaso Ceva, que sería citado trescientos años más tarde por Eugenio Montale, llamó a la poesía «un sueño soñado en presencia de la razón»: una denominación (¡que no definición!) muy hermosa que nos permite captar algo de esta dualidad.

Entre las reglas de literatura jamás escritas—¡sí, existen aún, por mucho que el territorio de la literatura, ese terreno orgulloso y eterno equivalente a un coloquio apacible entre espíritus, se vaya encogiendo cada vez más y lo haga más deprisa que los glaciares de Groenlandia!—, hay una que dice lo siguiente: no te citarás a ti mismo. Voy a transgredirla inmediatamente. Hace unos años, inspirado por un librito que había visto en el regazo de un turista alemán cuando me tomaba un respiro en la cafetería de uno de esos pueblecitos excesivamente bellos de la Toscana, compuse un poema titulado «Mística para principiantes». En casos así, los estadounidenses hablan de *found poem*, poema encontrado, aunque para ser exactos, lo único sujeto a ser encontrado es el punto de partida... Pasado un tiempo, me di cuenta de que el título del librito no solamente me había abierto el espacio de aquel poema, cosa que al fin y al cabo es asunto mío, sino que, además, me había permitido ver mejor qué es la poesía. Porque—en cierto sentido—la poesía es precisamente mística para principiantes.

Llegados a este punto, topamos con un problema teórico. La mística—eso nos enseñan los sabios y nos hacen creer las enciclopedias—tiene, en principio, un carácter antihistórico o ahistórico. Nos aleja del historicismo, no nos permite experimentar vivamente los sucesos que son inseparables de la historia de Europa, de la historia del mundo o de nuestro país, de la misma manera que, de forma caricaturesca, el sospechoso místico Andrzej Towiański aisló a Mickiewicz de los asuntos más candentes del momento, del escenario político de la época.[1] Sin embargo, el monstruoso siglo XX nos hizo «históricos» a ultranza, seguramente más de lo que nos hubiera gustado. Vivimos a

[1] Andrzej Towiański (1799-1878), filósofo y mesianista que influyó en intelectuales y poetas románticos como Mickiewicz o Słowacki y en otros miembros de la comunidad de emigrados polacos en Francia.

base de historia, reaccionamos a ella casi a diario. La historia es como la sal con la que aderezamos nuestros platos.

¿Y qué es la mística para los entendidos? Probablemente apunta hacia el silencio, aspira a que nos fundamos en algo más grande que nosotros, significa trascendencia o busca la trascendencia. La poesía también apunta hacia el silencio, pero—esto parece evidente—no puede hacerlo en silencio, al menos no en un silencio absoluto. Puede ser lacónica, escueta, tiene que representar un compromiso muy particular entre dos mundos. ¿Cuáles?

En este punto, me gustaría modificar la terminología, ya que la noción de «mística» abre la puerta a una cantidad ingente de asociaciones y se convierte en un poderoso elemento desencadenado que amenaza con hacer zozobrar la pequeña barquita de nuestras reflexiones.

Intentemos sustituir «mística» por «imaginación» (¡menuda ocurrencia—dirá alguien—, pero si es un elemento casi igual de poderoso!) ¿Qué es la imaginación? Más vale no buscar la respuesta en la Wikipedia, porque allí descubriremos que Imagination es un grupo británico de *rock and roll* de los ochenta. Y no es el caso. Limitémonos a una de las dimensiones de la imaginación y tratemos de confrontarla con la memoria.

Como nuestros tiempos son históricos en grado sumo, la memoria se ha situado en el punto central de la literatura, del cine, e incluso de las artes plásticas. Somos devotos de la memoria. La tenemos en un pedestal. Y con toda la razón del mundo. Sin embargo, el *locum* donde colocamos el pedestal se desplaza sin cesar, peregrina constantemente. Para Proust, la memoria tenía un carácter personal y estético, y, en su punto álgido, se convertía en algo casi religioso. Estaba vinculada a una vivencia extática, permitía congregar momentos vividos con anterioridad en un único destello de arrobamiento y otorgarles poco menos que el valor de una obra de arte—conducía hacia una obra de arte, podía llevarnos hasta ella—. En Proust, la memoria construye el significado autotemático de la obra: la gran novela habla de sí misma, registra en miles de páginas la historia de su creación. Y todavía hoy sigue fascinándonos por este motivo, aunque bien podríamos rechazarla, apelando a otro significado de la memoria, un significado doloroso (más sobre esta cuestión, dentro de un momento). Haríamos como cierto profesor de mi época de estudiante universitario que se esforzaba por ridiculizar el tratado *La controversia acerca de la existencia del mundo* de Roman Ingarden, diciendo con énfasis: «¡Mientras Ingarden se preguntaba si el mundo existe, nosotros construíamos la planta siderúrgica de Nowa Huta!». (Bien mirado, un argumento un poco al estilo de Heidegger).

La memoria que veneramos hoy en día es distinta, menos individual (aunque, como es lógico, cada individuo tiene también una memoria personal que se remonta a la infancia y a la juventud y lo hace diferente de los demás, conforma su personalidad). Me refiero a la memoria del infierno del siglo XX o, mejor dicho, de sus múltiples infiernos. Incluso para los que nacieron tarde o muy tarde no hay escapatoria fácil de la encerrona de aquella infausta memoria.

John Locke intentó convencernos de que la imaginación surge exclusivamente de la memoria, del conocimiento sensorial, y que no puede hacer otra cosa que formar distintas combinaciones con las piezas que ella le sirve. Pero Locke no podía saber nada de los vuelos románticos de la poesía, no conocía el surrealismo y ni siquiera podía haber leído las obras de William Blake. Si las hubiera conocido, tal vez habría coincidido con nosotros en que la memoria y la imaginación difieren sustancialmente entre sí, y que la imaginación, que—¡no podría ser de otro modo!—se sirve profusamente del alimento que le aporta la memoria, contiene no obstante un elemento con el que la memoria nunca ha podido ni soñar, a saber: lo invisible. Alguien diría tal vez que contiene más bien lo infinito. La imaginación moriría de hambre sin la asistencia permanente de la memoria, pero tiene algo más en su interior: una pizca de locura, la añoranza de lo infinito. Y precisamente es esta añoranza lo que arranca a la memoria de su cauce, de su cuna, y la hace salir del estrecho marco de las vidas y las experiencias particulares. Y, como es natural, eso que llamo infinito tiene una dimensión religiosa o, en todo caso, puede tenerla.

Aventurándome a ser lapidario (un recurso que deberíamos evitar en una materia tan delicada), me voy a pronunciar en estos términos: creo que la vida espiritual de la poesía reside justo aquí, en la frontera entre la memoria y la imaginación. A diferencia de John Locke, no soy filósofo y por lo tanto ignoro qué papel desempeña en todo ello el ahora. ¿Es sólo un detonador de la memoria, un aliado secreto de la imaginación? No lo sé. Sin embargo, estoy seguro de que tanto la memoria como la imaginación son imprescindibles para la poesía y de que ésta tiene una identidad doble: depende de la memoria, pero rebasa incesantemente sus límites, seducida por lo desconocido, por lo infinito, lo misterioso. Y depende de la memoria también en el sentido de que se construye a partir de lo concreto—lo concreto de una vida, una infancia, un día señalado, una hora, un encuentro, un sueño, una nube, una sala, unas sillas, unos rostros o unas palabras—y, en eso, difiere de cualquier teoría, sea ésta científica o de otro tipo. Sin lo concreto, no hay poesía. Pero la poesía se ve tentada sin tregua por algo distinto, por la promesa de «algo distinto», como si no esperara que el mundo visible fuera capaz de darle una respuesta satisfactoria. No se conforma con el realismo, y ni mucho menos con el naturalismo. Parece la criatura traviesa y curiosa que juega bajo la vigilancia de sus padres, pero se escapa a cada momento de su control y se aleja del alcance de su vista, hasta el día en que lo hará para siempre.

Y, si nos place dar nombre a fenómenos que no somos capaces de comprender, podemos llamar espíritu a esa frontera entre la memoria y la imaginación. O bien, y más de acuerdo con el genio de la lengua polaca, llamémosle vida espiritual, es decir, el anhelo insaciable por lo infinito. Insaciable, a ratos apasionado y obsesivo, y a menudo donador de sentido a nuestra existencia, aunque indefectiblemente limitado por nuestro acervo de vivencias, nuestra inteligencia, nuestros conocimientos y nuestro lugar en el mundo, y por lo concreto: la situación histórica del país y la ciudad donde vivimos, el hecho de tener que conciliar el sueño y más tarde despertar, pagar impuestos, ir a la estafeta, pasar hambre, ser viejos o jóvenes y sucumbir a las irremediables debilidades de la naturaleza humana.

¿El insaciable deseo de infinito sometido a tantísimas limitaciones? ¿Qué clase de infinito es ese que está maniatado, aprisionado, degradado, y depende del tiempo que haga, del sol y de la lluvia, del canto de los pájaros y del silencio, del estado de nuestros nervios, de una jaqueca, de lo que ocurre en los países con los que compartimos frontera y en ultramar, pero también del humor de nuestros vecinos, de si alguien pone muy alta la música que aborrecemos, de nuestra partida de nacimiento, del insomnio, de nuestra salud y nuestras enfermedades? Sí, la poesía es precisamente este infinito lisiado y encarcelado, éste es su dominio, aquejado de todas las imperfecciones posibles, perseguido por idiotas, oficinistas maliciosos y críticos cortos de entendederas, soterrado bajo la trivialidad de lo cotidiano y semejante en ello a una princesa expulsada de palacio y confinada en una barraca, a una princesa sobre un guisante que ora se ríe, ora se lamenta. Éste es el infinito de Krzysztof Kamil Baczyński, al que puso fin una bala alemana;[1] el infinito de Shelley, que se ahogó con él en las aguas costeras del mar de Liguria; el infinito de Hofmannsthal, que lo abandonó tan temprano.

Sí, queridos lectores. Así están las cosas con eso de la vida espiritual de la poesía: acaba siendo algo inseguro, inestable, algo que, para colmo, se ve mermado por culpa de los propios poetas que a menudo no son conscientes del valor del tesoro que les ha sido confiado y lo pierden por el camino, lo dejan olvidado en algún sitio, lo despilfarran como jugadores incapaces de separarse de la mesa de la ruleta, como drogadictos, como corredores que no saben detenerse. O puede ocurrir lo contrario, que sean perezosos como Oblómov, indolentes. Por suerte, todavía existen los lectores, un ejército poco numeroso pero infalible de lectores anónimos, modestos, atentos y desinteresados, jóvenes y ancianos, residentes en México, la República de Sudáfrica, China o la ciudad de Radom. ¡Señoras y señores, habida cuenta de todo eso, no tengo buenas noticias! El insaciable deseo de infinito ha sido depositado en manos de unos individuos que no pueden contar con una confianza sin límites por nuestra parte y que tal vez ni siquiera se merezcan tener bajo su custodia algo tan excelso, de unos individuos que a veces ignoran por completo qué es eso que obra en su poder por designio del destino. El infinito de la poesía es inseguro, caprichoso y, de vez en cuando, incluso parece finito.

[1] Krzysztof Kamil Baczyński (1921-1944), poeta que, durante la ocupación nazi, participó en la resistencia y murió a manos de un francotirador alemán en los primeros días del Levantamiento de Varsovia.

LOS HERMANOS

Hace mucho tiempo, cuando tenía unos quince años y estaba pasando las vacaciones en la pensión El Embarcadero a orillas del Poprad, un río de montaña del sudeste de Polonia, me dediqué con porfía a leer *La montaña mágica*, una lectura ideal para el ocio veraniego. Quería entenderlo absolutamente todo, pero no lo conseguía. Al mismo tiempo, con el inconsciente esnobismo del intelectual joven que desprecia lo que Sócrates denominó «vida sin examen», utilicé la novela de Thomas Mann como una pantalla para resguardarme de la cotidianidad, una cotidianidad que me parecía indigna de mi atención. Es decir, básicamente para resguardarme de la existencia en aquel hotelito de montaña que, sin duda alguna, sólo raras veces se prestaba a una reflexión crítica.

Me resultaban familiares algunas novelas de Heinrich Mann, por ejemplo, los dos gruesos volúmenes dedicados al rey Enrique IV que había descubierto en la biblioteca de mis padres, pero también *El súbdito* y *La pequeña ciudad* en una traducción al polaco—evidentemente, todavía no dominaba el alemán—, aunque me temo mucho que los había leído de una manera poco reflexiva. Sin embargo, el hecho de que, en *La montaña mágica*, las ideas filosóficas se convirtieran en poco menos que personajes de la novela me imponía y me fascinaba. Al fin y al cabo, el *Bildungsroman* goza de una recepción mejor entre los jóvenes que acaban de despertar a la vida intelectual, porque tienen la sensación de estar creciendo junto con la novela. Se produce una especie de competición entre la novela y el lector para dirimir quién va a acabar de desarrollarse antes. Y cabe decir que ganarle a *La montaña mágica* no era cosa fácil. Cierto, el ritmo de la narración es lento, parsimonioso, pero, a cambio, conduce al lector hasta las alturas, hasta las cimas de los Alpes.

Los dos hermanos Mann estaban dignamente representados en los anaqueles de las librerías de la época, es decir, de los años sesenta. Además, ambos habían sido traducidos con profusión ya antes de la Segunda Guerra Mundial. Heinrich era considerado «progresista», lo cual que le otorgó ciertos privilegios, especialmente en la posguerra, pero Thomas también pasaba por ser un autor «más bien progresista». Corroboraban esta opinión sus actuaciones públicas, sobre todo las de la época tardía, pero, si nos adentráramos en sus obras más artísticas, la cosa ya no sería tan evidente. La música, la muerte y la ventisca no necesariamente tienen cabida en el manual del agitador izquierdista.

En aquel tiempo, entre el público polaco había una gran demanda de literatura alemana, y eso significaba algo más que un mero interés por libros de calidad: era también el síntoma de la cicatrización lenta de la herida abierta durante los terribles años de la ocupación nazi, cuando las palabras *alemán* o *alemana* solían escribirse con minúscula, contraviniendo así las reglas ortográficas del polaco. Sin embargo, la mayúscula volvía lentamente a ocupar su posición natural.

En la República Federal, los escritores emigrados que habían abandonado la Alemania de Hitler para sobrevivir en distintos países y continentes durante los horrores del nazismo y habían regresado a su patria acabada la guerra—aunque a veces únicamente habían regresado sus obras—no gozaban de gran simpatía entre la mayor parte de los lectores (Bertolt Brecht era una excepción). Se les reprochaba a menudo—injustamente—que, optando por abandonar el Tercer Reich, habían elegido la solución más fácil. El burgués alemán opinaba que la mejor elección había sido callar y no mover un dedo. En Polonia, en cambio, los mismos escritores tenían una acogida inmejorable. Esto se debía en parte a la política de las autoridades comunistas que apoyaban de buen grado precisamente a estos autores (para ello, les resultaba muy útil el concepto, algo difuso, de «antifascismo»), aunque en parte también era una reacción del todo espontánea. A la *inteliguentsia* polaca siempre le han gustado los emigrados: muchos años más tarde, cuando, al caer el telón de acero, empezó el retorno masivo de autores y libros que hasta entonces habían sido hostigados por el partido comunista, escritores, poetas, prosistas y filósofos como Miłosz, Gombrowicz, Herling-Grudziński, Aleksander Wat o Leszek Kołakowski vivieron el apogeo de su popularidad.

El público polaco saboreaba la literatura alemana, y yo también. De crío, odiaba a los alemanes a causa de la guerra y de la ocupación, e incluso me dedicaba a urdir planes para emprender una rápida expedición militar de castigo, aunque, cuando hice partícipe del proyecto a mi padre, me lo desaconsejó encarecidamente al considerar que resultaba francamente difícil de llevar a la práctica. Debo decir, sin embargo, que, al mismo tiempo—o tal vez un poco más tarde—, me entregaba con gran placer a la lectura de autores alemanes, cosa que no me parecía contradicción alguna. Empecé con la prosa y luego añadí la poesía, hasta que la literatura alemana llegó a formar una parte importante de mi vida.

Volviendo a los hermanos Mann: a menudo pienso en aquellas dos vidas paralelas, aunque tan poco plutarquianas.

Heinrich, crítico de la sociedad, demócrata de izquierdas, poeta, aunque también satírico, un amante de la cultura francesa que más de una vez vivió en la pobreza y que, cuando estaba en el exilio, dependía de su hermano, más famoso y adinerado, y no siempre gozó de la plena aceptación de su encopetada familia, por ejemplo, de Katia Mann. La compañera de vida de Heinrich que compartió con él el destierro californiano, una persona «de extracción humilde», no podía ser del agrado de Katia, cuya familia pertenecía a la alta burguesía de Múnich. Huelga decir que ni Erika, ni Klaus Mann, la siguiente generación de aquella interesantísima familia, se doblegaron a estos prejuicios.

Thomas Mann era completamente distinto. Heredero tardío del Romanticismo alemán, un gran admirador y, en cierto sentido, un «imitador» de Goethe que intentaba «reproducir» el modelo de vida y la obra del autor de *Fausto*, había nacido con buena estrella. Incluso el exilio, que no escatimó estrecheces y amarguras a muchos de sus colegas, a él le reportó laureles nuevos. Sin duda también tuvo momentos de temor, de inseguridad y de tristeza profunda, pero los fundamentos de su existencia nunca se vieron amenazados. Sería a él, y no a Heinrich, a quien el presidente F. D. Roosevelt recibiría en la Casa Blanca.

Thomas Mann fue uno de los verdaderos Josés del siglo XX (otro fue Joseph Brodsky que, como bien sabemos, conoció en sus propias carnes muchas adversidades que le deparó el destino. Y tenemos también a Czesław Miłosz). Abandonados por sus hermanos envidiosos y menos talentudos, al igual que el José bíblico, supieron salir de más de un pozo y acabaron ganándose el favor del faraón. Thomas: un gran artista, pero, en contra de las apariencias, un hombre solitario y tal vez en cierto modo bastante antipático, intransigente en su entrega al trabajo, arrogante como sólo saben serlo los introvertidos, complicado, retraído, siempre escudado tras la rigidez de su camisa blanca recién planchada, y poco afortunado en los asuntos eróticos (*to say the least*). Heinrich era el hermano mayor—se llevaban cuatro años, había nacido en 1871—, pero la fama y el prestigio internacional de Thomas que crecían a ojos vistas le hicieron perder progresivamente la primogenitura. En este caso, lo que invirtió la jerarquía connatural no fue un plato de lentejas, sino la literatura y el espejo de la crítica que devuelve su imagen. No resulta muy difícil imaginar el sufrimiento que aquello debió de causar a ambos lados, aunque más en el lado perdedor.

En California—como observó uno de los testigos de sus encuentros—Thomas y Heinrich mantenían conversaciones corteses como si fueran dos profesores universitarios unidos por lazos de amistad, y no dos hermanos. No obstante, lo eran, y debieron de experimentar toda una gama tragicómica de admiración y de celos, puesto que, desde que el mundo es mundo, la vocación literaria se ha encargado de mezclar de una manera estrambótica lo más sublime con lo más mezquino, el éxtasis con la envidia. Y no es de descartar que, precisamente por esta razón, la literatura encuentre un receptor bien dispuesto: el lector, que está muy familiarizado con vergonzosos cócteles de este tipo, aun cuando no haya escrito ni una página en su vida.

Esto ocurre en casi todas las amistades literarias: a menudo conviven y se mezclan en ellas la admiración y la envidia. Que decir, pues, de los hermanos. ¡Vaya experimento genético más cruel les tocó vivir a los Mann! Por el orden natural de las cosas, Heinrich fue el primero en saborear el éxito literario, pero Thomas le dio alcance muy pronto. Al principio, todo iba sobre ruedas. Pasaron un año juntos en Italia, vivían cerca de Roma, trabajaban, conversaban largo y tendido, intercambiaban observaciones e ideas, y eran aliados. Sin embargo, con el tiempo aparecieron disensiones. ¿Acaso una pizca de envidia tiene necesariamente que envenenar la alegría por el éxito del hermano? No necesariamente, pero puede ocurrir. Estupendo, bravo, felicidades, pero ¿y yo? ¿Por qué no yo? ¿Cuándo llegará mi turno? ¿Y por qué mi hermano pregona unas opiniones tan extrañas?

No es el único caso en la historia de la literatura europea en el que dos hermanos particularmente dotados compiten entre sí, pero la situación de los Mann era peculiar, excepcional.

Los amigos son otra cosa, pero los hermanos viven rodeados de toda una maquinaria familiar. Sus mentes se entregan a nobles meditaciones, pero ellos no pueden negarse a participar en una especie de vodevil, donde lo que importa es una buena o una mala crítica, la fama, el fracaso y, como colofón, incluso la cuenta bancaria. Tienen novias que pronto se convierten en esposas y no necesariamente están a partir un piñón. Además, está la madre—por lo menos al principio—, la *mamma*, que sigue con recelo el desarrollo de los acontecimientos (¡ella no puede elegir a uno de entre sus hijos!), y también la suegra, o mejor dicho las dos suegras, que tal vez pertenezcan a círculos sociales distintos, por no decir nada de los hermanos y hermanas. Y es cosa sabida que, en la familia Mann, había muchos y se observaban constantemente unos a otros.

Por un lado, ideas, inspiraciones, debates; por el otro, la familia. Una combinación muy difícil. La familia puede prescindir fácilmente de las ideas, y las ideas no necesitan para nada a la familia. Por eso—sobre todo en la edad madura, pero a menudo también en la adolescencia—solemos anteponer la compañía de los amigos a los encuentros con los primos: ¡en la amistad las ideas sí que cuentan! Cuentan, mientras no acaben malquistándonos con los amigos.

A mediados de los setenta, se publicó en traducción al polaco la correspondencia de los hermanos Heinrich y Thomas. Por aquel entonces, yo ya era escritor, un escritor joven y, por ende, todavía dispuesto a hacer reseñas. Escribí una crítica de aquel volumen. A pesar de su carácter histórico—hablaba de tiempos pasados hacía mucho—me había causado una gran impresión. Por lo visto, algo de las desavenencias entre Heinrich y Thomas debía de seguir siendo actual, auténtico. Titulé aquel artículo «¿Acaso hemos sido desbancados?». Así, con interrogantes. A todas luces, sentía una profunda envidia de la viveza del enfrentamiento que separaba a los Mann. En contraste con la ficticia y exangüe concordia que reinaba en el pueblo Potemkin en que se había convertido la vida intelectual de los países del socialismo real (y que, en Polonia, iba a ser sustituida muy pronto por una crítica abierta al sistema), los espinosos dilemas de los dos hermanos se me antojaban algo digno de atención, vivísimo e incluso atractivo. Ambos se expresaban como individuos soberanos, individuos con elecciones de lo más dispares, pero totalmente libres y auténticas. En sus polémicas, se percibían aires de libertad. No dejaban entrever nada parecido al espíritu partidista. A ellos les habría asombrado que alguien pudiese envidiar su antagonismo, el tormento provocado por la discordia en el seno de la familia. Y, sin embargo, envidiarlo era posible. Por lo visto, la envidia es un animal omnívoro.

Durante la Primera Guerra Mundial, diferían en casi todo. Heinrich era pacifista, y no dejó de admirar ni por un momento la cultura francesa que, en cierto sentido, le resultaba incluso más cercana que la tradición germánica (y eso que—huelga recordarlo—Francia se había convertido por aquel entonces en enemiga mortal de Alemania). Por el contrario, Thomas vivía una fiebre patriótica, casi nacionalista, de lo que dio buena cuenta en las *Consideraciones de un apolítico*, un libro que todavía hoy nos sigue pareciendo fascinante, por más que el lector esté disconforme con las convicciones que abrazaba en aquel momento el autor de *Los Buddenbrook*. Fascinante, porque está maravillosamente bien escrito. Sin embargo, bien mirado, los argumentos de Thomas Mann—Alemania representa el espíritu, la música, la caballería y el Medievo, a diferencia de Inglaterra y Francia, países mezquinos donde dominan el mercantilismo y la codicia—no diferían sensiblemente de los eslóganes que utilizaba la pedagogía política alemana de la época.

Sin embargo, no hemos olvidado que Thomas Mann abjuró de aquellas convicciones en un lapso sorprendentemente breve y, para sorpresa de muchos, se pronunció a favor de la República de Weimar, a la que, como es sabido, no le fue deparada una larga vida.

Últimamente, he releído con interés mi texto de hace cuarenta años. No es recomendable citarse a uno mismo, pero al menos una de las observaciones de mi «yo» mucho más joven me ha parecido acertada. A saber: los individuos—los escritores y pensadores—que abrazan opiniones tan distintas y llevan una vida moldeada por matrices intelectuales tan dispares a menudo no se toman la molestia de polemizar con sus antagonistas. Cuanta más diferencia de opiniones, menos polémica. Y, en casos extremos, ocurre que despreciamos a nuestros adversarios ideológicos: creemos que no merece la pena discutir con alguien que «ha caído tan bajo». Sin embargo, aprisionados en las redes de la fraternidad, Heinrich y Thomas tuvieron que presentar batalla. Se profesaban un amor fraternal y, por momentos, experimentaron un odio fraternal. Tenían que discutir, porque eran hermanos. Y, visto esto, se produjo una inesperada y peculiar combinación de ideas y familia, un encontronazo casi fratricida, pero también una polémica.

Años después, descubro que la controversia entre ambos era incluso más profunda de lo que fui capaz de detectar por aquel entonces. Allí ya no estaban en juego eventuales preferencias políticas: el liberalismo izquierdista de Heinrich, contrapuesto al exaltado nacionalismo metafísico de Thomas durante la Primera Guerra Mundial. Aquello no era únicamente cosa del pacifismo de Heinrich y la belicosidad caballeresca (puramente teórica, de despacho) de Thomas, a quien nadie había arrastrado hasta las trincheras de Verdún. Había algo más. En aquella controversia, en las tensiones entre aquellos dos autores aún jóvenes, se manifestó lo que luego iba a ser el resorte o el motor de la narración en *La montaña mágica*: la profunda escisión de la cultura europea, el litigio de dos tradiciones distintas que luchaban entre sí, ora con amor, ora con odio, y que, de hecho, siguen luchando en nuestros días, aunque la temperatura del conflicto ya no sea tan alta: la indiferencia se ha ido imponiendo.

La indiferencia se ha ido imponiendo, pero perdura la tensión entre la herencia del Siglo de las Luces y el anhelo romántico a veces teñido de religiosidad. Los dos bandos tienen dificultades para comunicarse, a veces se escarnecen, se desprecian, pero puede ocurrir también que dicha tensión resida en el corazón de una sola persona (este fue precisamente el caso de nuestros dos hermanos enemistados).

Además de las novelas, que siguen encontrando lectores fácilmente, y de los ensayos, algo olvidados, que hoy en día son más bien objeto de estudio de catedráticos y doctorandos, Heinrich Mann nos dejó un libro extraordinario y problemático: el tratado autobiográfico *Ein Zeitalter wird besichtigt* ['Visita a una época']. La autobiografía en cuestión es verdaderamente insólita: un montaje desigual e incoherente confeccionado a partir de textos de distintos años. Por momentos, se lee como si fuera una fábula lenta; a veces, parece una clase de historia; y sólo de cuando en cuando podemos recuperar en ella la trama cien por cien autobiográfica, la más interesante con diferencia. En repetidas ocasiones y no por primera vez, el autor menciona su amor por Francia y su cultura, pero tampoco faltan incisos de gran actualidad que hacen referencia a la Segunda Guerra Mundial que por aquel entonces seguía su curso (la fecha final de la autobiografía es el 23 de junio de 1944). Este casi adiós a la literatura nace de un impulso noble: por enésima vez, Heinrich Mann imparte justicia a su época.

La parte más hermosa del libro es la que dedica a los retratos de los amigos, un testimonio de la lealtad y la emotividad del autor, un amante de la humanidad y de la música. Cuando aquel adorador de la ópera oye por primera vez unos cuantos compases de Puccini interpretados por un organillero, se apea de un salto del tranvía de caballos que lo lleva a Fiesole desde Florencia para seguir escuchando la melodía recién descubierta. Nos habla del viaje que hizo a Francia pocos años después de terminada la Primera Guerra Mundial, de su amigo Félix Bertaux, un germanista francés afincado en el suburbio parisino de Sèvres, y de las «Décadas de Pontigny», unos encuentros que reunían anualmente a varios escritores franceses bajo la batuta de André Gide para hablar de ideas. (Lo curioso del caso es que los participantes, al fin y al cabo, unos *bourgeois* en toda regla, financiaban el evento pagando a escote, sin pedir a nadie subvención alguna: ¡algo absolutamente impensable hoy en día!).

La autobiografía nos muestra la grandeza de la literatura, pero también sus limitaciones. He aquí que un escritor eminente se querella contra el mundo, detesta—y en eso tiene toda la razón—a Hitler y al fascismo, pero al mismo tiempo dedica un capítulo a los procesos de Moscú, intentando convencernos de que constituyen el mejor ejemplo de lo que puede ser la justicia en la lucha sin cuartel con los repugnantes traidores a la revolución. Hoy, terminada la primera guerra fría y en vísperas de la segunda, la naturaleza de aquellos procesos ya es de dominio público, por lo que condenar o censurar al autor de *La pequeña ciudad* no es mi propósito—¡sería optar por la vía fácil!—. Me limito a hacer una constatación melancólica: la literatura comprometida, batalladora, a veces se muestra impotente ante la complejidad del mundo. Diríase que, en la literatura, debería existir algo parecido a los tan célebres entre los matemáticos teoremas de incompletitud de Gödel, según los cuales—si es que los entiendo bien—para someter los sistemas lógicos a un juicio de valores es menester un sistema distinto a ellos (metasistema). No sé cómo son las cosas en la lógica, pero nosotros, los autores de poemas, novelas y ensayos, por desgracia no disponemos de un sistema superior así. Sólo nos quedan la conciencia, la buena voluntad y la razón, y sus numerosos hermanos y hermanas (la pasión, la ambición, el coraje o la ausencia de éste).

Heinrich Mann no fue un escritor perfecto (¿acaso existen?), pero hay algo arrebatador en la figura de aquel artista a quien no resultaban ajenos los asuntos terrenales y era capaz de bajar de un salto del tranvía para escuchar a Puccini (nótese una diferencia entre los hermanos: Thomas jamás habría hecho algo así, pero, suponiendo que sí, sólo hubiera sido para escuchar a Wagner), de aquel artista que tuvo a un tiempo la mala y la buena suerte de que su hermano, un hombre poco feliz aunque perspicaz, se afanara por conseguir la perfección en la escritura; que a pesar de haber vivido en una época espeluznante, conservó la decencia, la bondad y la moderación; que amaba la literatura francesa, pero también la cocina francesa y el vino francés. No ha habido y seguramente no habrá otro como él. Heinrich Mann, el amigo de Enrique, rey de Navarra y de Francia, el patrón de los emigrados sin recursos, el protector de cuantos se han visto desposeídos de la primogenitura.

SABIDURÍA, FORMA
Y PERSEVERANCIA

Apokryf rodzinny ('Apócrifo familiar') se publicó por primera vez en 1965 y fue muy bien recibido por la crítica. Su autora cosechó muchos elogios, tanto por su inventiva formal (se dijo que había propuesto una fórmula totalmente nueva de novela familiar) como por sus vastos conocimientos de historia. El libro apareció después de que numerosos relatos y estudios históricos de Hanna Malewska vieran la luz, y también después de *Panowie Leszczyńscy* ('Los señores Leszczyński') y de su obra maestra *Przemija postać świata* ('Así fenece la forma del mundo'), una novela épica ambientada en el declive del Imperio romano.[1]

Hanna Malewska, a quien tuve la suerte de conocer en persona y de visitar a menudo en su minúsculo piso de la plaza Axentowicz de Cracovia, era una persona extraordinaria. De lo que sabemos sobre su vida bajo la ocupación nazi y sobre sus servicios en las filas del AK durante el Levantamiento de Varsovia, se dibuja la imagen de una persona heroica;[2] y también extraordinariamente discreta: nunca habló de ello. Tampoco hablaba de la determinación sin límites y del coraje civil, tan distintos de la valentía en el campo de batalla, es decir, de las virtudes que caracterizaron su conducta después de la guerra, cuando se trasladó a Cracovia para identificarse del todo con los destinos del

[1] Hanna Malewska (1911-1983), historiadora, escritora y redactora jefe de la revista cultural *Znak* ('Señal'), entre 1960 y 1973.

[2] AK (Armia Krajowa, en polaco: 'Ejército del País'), principal movimiento de resistencia durante la Segunda Guerra Mundial en la Polonia ocupada.

grupo de *Tygodnik Powszechny* y de *Znak* ('Señal').[1] Había recibido una formación inmejorable, pero no hacía gala de ello. Por aquel entonces, ya luchaba con la enfermedad que acabaría matándola, pero éste tampoco era el tema de sus conversaciones, o al menos de las que mantenía conmigo, un joven que estaba descubriendo las admirables personalidades relacionadas con las redacciones de las calles Wiślna y Sienna.[2] Y que, de paso, descubría también las lagunas de su propia educación.

Así pues, aunque no ocupe el último lugar en la lista de publicaciones de Hanna Malewska, *Apócrifo familiar* apareció tarde y, hasta cierto punto, puede ser leído como el colofón de toda su obra literaria.

Parece que, a mediados de los sesenta, aún no existía el bien conocido concepto de *microhistory*, microhistoria, que hoy en día es utilizado ampliamente, por no decir que está muy en boga. Además de la gran historia global—que también puede ser apasionante, como lo demuestran las *Tierras de sangre* de Timothy Snyder—, existe otra corriente: numerosos autores tratan de comprender y describir las cosas y las personas relacionadas con un territorio más reducido, con un lapso más corto, con una vida más cotidiana y

[1] *Tygodnik Powszechny* ('Semanario popular'), semanario de orientación católica liberal dedicado a temas socioculturales y políticos que se publica desde 1945, momento en que Malewska empezó a participar en su gestación. En 1953, fue clausurado ante la negativa de la redacción de publicar una necrológica de Stalin. No sería autorizado a reemprender su actividad hasta 1956.

Znak, revista mensual fundada en 1946 por un grupo de intelectuales del círculo de *Tygodnik Powszechny*. En 1953, fue clausurada por los mismos motivos que *Tygodnik* y autorizada a recuperar su actividad también en 1956.

[2] Las redacciones de las revistas *Tygodnik Powszechny* y *Znak* se encontraban en las calles Wiślna y Sienna de Cracovia, respectivamente.

unas costumbres más locales. El territorio del *Apócrifo* es la ciudad de Lublin y alrededores, aunque, cuando seguimos los pasos de los protagonistas del libro, los típicos representantes de aquel cosmopolitismo forzado por las circunstancias de la época de las particiones de Polonia tan alejado geográficamente de las zonas de los desplazamientos actuales de los polacos, también nos dejamos caer por Varsovia y Nałęczów, e incluso por el Cáucaso.

En cualquier librería que se precie, encontraremos numerosas obras dedicadas a una persona concreta, el padre o la madre del autor o la autora, o las clásicas biografías que retratan a gente famosa. Tampoco faltan los recuerdos familiares que a menudo se remontan a tiempos lejanos y hablan de los territorios del este de Polonia. Sin embargo, el *Apócrifo* de Malewska resulta excepcional, porque es un relato muy fiel a los hechos que reconstruye—a veces a duras penas—los destinos de varias generaciones de una sola familia, la familia de la autora, modestamente llamada «narradora», sin renunciar no obstante a dar rienda suelta a la imaginación literaria. El lector se percata muy pronto de que el tema no es una sola familia, sino un estrato social, la pequeña nobleza—que no la aristocracia—que, entre dolores y espasmos, se está transformando en *inteliguentsia*. La pequeña nobleza rural, una capa social extrañísima que prácticamente no tiene equivalente alguno en los demás países europeos, porque, incluso en Rusia, la genealogía de la *inteliguentsia* fue algo distinta. Los primeros capítulos de *Apócrifo familiar* se refieren a las postrimerías del siglo XVIII, el período en que Polonia se fue hundiendo en una esclavitud que iba a durar hasta el año 1918, momento en el que, en palabras de la autora, se produjo un cambio del todo inesperado, una de esas metamorfosis imprevisibles e inexplicables: ¡he aquí que, de pronto, los «judas y traidores» que infestaban la sociedad polaca cedieron el lugar a gente honesta y patriota![1]

En el libro, predominan las consideraciones acerca del siglo XIX en Polonia y, en gran parte, por no decir exclusivamente, en la zona de ocupación rusa. Todas ellas son muy concretas, empíricas, no están nunca formuladas a la ligera. A todas luces, Malewska no habría corroborado la tesis de que el siglo XIX fue «la gran centuria de los polacos», el título de un excelente libro de Alina Witkowska, sino que habría defendido otra: que fue un siglo de grandes esfuerzos, de matrimonios felices e infelices, de caracteres peores y mejores, un siglo de mera subsistencia, al margen del gran desarrollo de la «modernidad» en la Europa Occidental y Estados Unidos, desarrollo cuyo signo visible—también para el hombre del subsuelo de la novela de Dostoievski—era el Crystal Palace londinense. En Polonia, no había palacio de cristal alguno (a cambio, se erigió, y mucho más tarde, el templo ortodoxo de la plaza Saski).[2] Había palacetes y casas solariegas, y también—éstas eran considerablemente más numerosas—casitas de campesinos y cabañas, que no aparecen mucho en el libro. Alguien podría decir: un siglo de vida pequeña, a lo que Malewska probablemente respondería que no hay vidas pequeñas. Fue el siglo de los levantamientos fallidos, aunque tal vez imprescindibles

[1] Referencia a las tres sucesivas particiones de Polonia que acabaron con la existencia del país como Estado independiente. En 1918, se constituye la Segunda República Polaca, período de soberanía que finaliza en septiembre de 1939 con la invasiones alemana y rusa.

[2] Plaza de Varsovia, actualmente plaza del mariscal Piłsudski. Durante el período de dominación rusa, se erigía en ella la catedral ortodoxa de Alejandro Nevski, construida entre los años 1894 y 1912 y derruida en los años veinte, una vez constituido el Estado polaco independiente.

desde el punto de vista psicológico, pero, en el *Apócrifo*, éstos no aparecen en primer plano. El primer plano lo ocupa un denso tejido de existencias humanas y destinos familiares perseverantes, a veces fracasados y otras desesperantemente trágicos. Perseverantes, aunque—como recalca la autora—más orientados hacia la «subsistencia» que hacia la «carrera» o el «éxito».

Y, ya que hablamos de las vidas pequeñas en la Polonia de las particiones, como es natural, Hanna Malewska no podía hablar abiertamente sobre lo que la Polonia comunista significaba para ella, su familia, la *inteliguentsia* polaca y otras capas sociales. Y ya no nos lo dirá. Sabemos qué opinaba de todo aquello—la respuesta nos la dan sus logros artísticos y políticos (dirigir una revista mensual independiente durante casi veinte años también era sin duda un gran logro político)—, y quienes mantuvimos conversaciones con la autora del *Apócrifo* somos conocedores de su juicio sensato y crítico sobre la época.

¿Y si, a pesar de todo, nos paramos a pensar qué le responderíamos a alguien que nos preguntase si aquélla no era realmente una vida «pequeña»? Basta con reflexionar un poco para darnos cuenta de cuán frágiles son nuestros baremos. Una cosa es valorar un sistema político, sus resultados económicos y su situación por lo que atañe a los derechos humanos (aunque este criterio es de cuña muy reciente), y otra muy distinta calcular el valor de la vida vivida en el interior de aquellas grandes retortas. Imposible. No hay modo alguno de medirla. O, mejor dicho, no hay ninguna regla: uno puede malgastar su vida en el mejor de los países (¿cuál?) y salir airoso en el peor. No era cosa fácil en la Rusia estalinista: prácticamente rozaba lo imposible, como lo demuestran los diarios que se publican ahora de personas que sobrevivieron en la URSS—o que no sobrevivieron—, a los espantosos años treinta. Uno podía ser un borracho y un gandul en la Atenas de Sócrates, y también —aunque esto fuera mucho más difícil—vivir como Helmuth von Moltke o Dietrich Bonhoeffer en la Alemania nazi. Y también abundan por doquier elecciones menos extremadas y existencias no tan radicales: recordamos a los valientes de la Polonia comunista, aunque no llegaran al denuedo de un Jacek Kuroń[1] o un Adam Michnik,[2] pero tampoco olvidamos a los rastreros y a los conformistas. Aunque también es cierto que algunos conformistas fueron buenos padres de familia, médicos sacrificados o científicos ilustres. Y que Jarosław Iwaszkiewicz era un escritor verdaderamente excelso.

Los que a mediados de los setenta unieron su destino al naciente movimiento oposicionista recuerdan sin duda cómo, de pronto, la vida se animó, cobró valor y empezó a cotizar al alza. Sin embargo, no hay manera humana de emitir juicios tajantes y unívocos, excepto si se refieren a personas absolutamente perdidas desde un punto de vista ético. Sólo que, desde una perspectiva religiosa, tales perso-

[1] Jacek Kuroń (1934-2004), uno de los líderes de la oposición democrática en la Polonia comunista, fundador del KOR (Komitet Obrony Robotników, 'Comité de Defensa de los Obreros'), y asesor de Solidarność. Detenido varias veces, finalmente tomó parte en las negociaciones de la Mesa Redonda que conducirían a la caída del régimen.

[2] Adam Michnik (Varsovia, 1946), historiador, ensayista y publicista, uno de los líderes del movimiento disidente en Polonia. Fundador y director de *Gazeta Wyborcza*, el periódico polaco más importante. Encarcelado durante la ley marcial, se declaró en huelga de hambre reclamando ser considerado preso político. Como Kuroń, fue asesor de Solidarność y tomó parte en las negociaciones de la Mesa Redonda que conducirían a las primeras elecciones libres. En español, se ha publicado de Michnik: *En busca del significado perdido. La nueva Europa del Este*, trad. Anna Rubió y Jerzy Sławomirski, Barcelona, Acantilado, 2013.

nas no existen. Estamos avanzando por un campo de minas y hay que tener la sabiduría de Hanna Malewska para acabar esta peregrinación, para llegar hasta la palabra «fin», sin tambalearse ni una sola vez.

Regresemos al *Apócrifo*: los últimos capítulos dedicados al resurgimiento de la Polonia libre y a las metamorfosis que lo acompañaron constituyen una especie de epílogo; aparece por primera vez la voz de la autora que relata sus vivencias tempranas (el lector lamenta que no exista una autobiografía de Hanna Malewska, investigadora, escritora, soldado del AK y excelente editora de la revista *Znak*).

El auténtico tema de este cruce entre novela y ensayo histórico es la perdurabilidad. Y tal vez la perdurabilidad sea el tema principal de toda la obra de Hanna Malewska: su magnífica novela *Así fenece la forma del mundo* es una gran meditación acerca de este fenómeno, que nace de la pregunta de por qué, a pesar de todo, las innumerables catástrofes, los dramas, los cambios radicales, las conversiones forzadas y las conversiones voluntarias, la sucesión de gobernantes, las masacres, los grandes miedos y las hambrunas, los momentos en los que hay que volver a empezar de cero y los momentos en los que hay que decir adiós a los seres queridos, así como los breves instantes de felicidad, no anulan, no son capaces de anular, la ignífuga substancia de la vida humana. Mientras los filósofos se extrañan de que exista algo en vez de nada, Hanna Malewska contempla el asombroso hecho de que cierta continuidad elemental de la existencia humana subsista a despecho de los cataclismos. Percibo aquí un lejano parentesco con el destacable tomo de ensayos de Zygmunt Kubiak (su debut literario) *Półmrok ludzkiego świata* ('La penumbra del universo humano'). Kubiak se remonta a los tiempos homéricos y nos recuerda la civilización minoica. Hanna Malewska es más modesta en sus viajes en el tiempo: en el *Apócrifo*, le fascina una centuria que no está tan alejada de nosotros, aunque es cierto que lo que ya pasó se nos antoja muy pronto tan lejano y arcaico como la época preglaciar.

Malewska nos muestra que era posible vivir el siglo XIX —aquel siglo tan difícil para los polacos—con decencia y sin caer en un estado de hibernación, aunque, eso sí, perdiendo terreno en la incesante rivalidad pacífica entre naciones. Sin embargo, Hanna Malewska no es una historiadora del desarrollo económico, no escribe una crónica de la civilización, y las carencias del crecimiento económico del país la inquietan menos que la vileza, la maldad y la estupidez humanas.

Detrás de su discurso, se oculta el paradigma de un patriotismo discreto, la fe inquebrantable y digna de imitar en que eso de ser polaco está bien, con tal de que seas al mismo tiempo una persona honesta, inteligente, libre de odios, de antisemitismo y de xenofobia, la fe en que merece la pena mantener vivo el legado de los siglos pasados, a condición de no suspender el examen de tiempos actuales.

Hacia el final del libro, Malewska menciona el rechazo a la historia que manifiesta la generación joven de la Segunda República «por ser una historia llena de infortunios», y añade entre paréntesis que «así ha sido casi toda la historia de Polonia en la versión de los autores maximalistas que emiten sus juicios de valor sobre el papel». Ella no tenía nada de maximalista, al menos no en este aspecto: su pretensión como escritora era no emitir juicios de valor sobre el papel, sino comprender. Su cristianismo teñido de una indulgencia casi estoica para con la imperfección inmanente a la vida está lejos del maniqueísmo.

Mientras que, por un lado, el del tema, encontramos la perdurabilidad del universo humano, por el otro, el de la narradora, topamos con la sabiduría—sí, a mi parecer, el resultado del intento de reducir este libro a la fórmula más concisa posible sería éste: la sabiduría contempla la perdurabilidad—.

Nos hace falta la sabiduría. Y también la literatura. El papel de la sabiduría en la literatura es hasta cierto punto paradójico: parece que las sucesivas generaciones del modernismo europeo, más que rehuir la sabiduría, lo que han hecho es dar prioridad a las técnicas o incluso a los manierismos. He aquí un ejemplo: W. G. Sebald, un gran escritor a quien valoro en mucho, consiguió—también en Polonia—toda una legión de adeptos y partidarios. Hanna Malewska no pudo nunca, ni puede ahora, competir con él en cuanto a popularidad, pero creo que encontraremos más sabiduría en la obra de la autora polaca. Sebald es el maestro de un manierismo extraordinario, sutil y pesimista, es decir, de una unilateralidad estilística y mental. Lo son también Thomas Bernhard y otros. En cambio, la sabiduría conduce al multilateralismo. La sabiduría dice: analicemos las derrotas, pero sin perder de vista la otra cara: echemos al menos una ojeada a lo que fue salvado y pudo ser transmitido en herencia a la generación siguiente. Sin embargo, la literatura moderna parece evitar la multilateralidad. ¿Tal vez haya esquivado a la sabiduría? ¿Y quizá la sabiduría, entretenida en la contemplación de la sustancia, no le haya hecho mucho caso al estilo?

«MI SIGLO» RELEÍDO AL CABO DE LOS AÑOS

La primera edición de *Mi siglo* se publicó en Londres hace más de treinta años, en 1977, exactamente una década después de la muerte de Aleksander Wat.[1] Los amigos del autor que habían compartido con él el exilio probablemente se impacientaron al ver cuánto se alargaban los preparativos para sacar el libro al mercado, pero, para el lector que vivía en Polonia, aquél fue un momento extraordinario que parecía providencial: justo entonces, se estaba formando el multitudinario movimiento oposicionista que, en aquella época, todavía se hallaba en una fase elitista, formativa y proclive a la lectura. Aquel movimiento engendró a centenares o miles de lectores que anhelaban oír finalmente alguna palabra veraz sobre el sombrío siglo XX. El libro de Wat causó sensación. Antes de que las editoriales clandestinas lo reprodujeran en una forma menos elegante, pero más accesible, unos pocos ejemplares pasaron de mano en mano y, al caer la noche, eran estudiados atropelladamente y con gran atención: en distintas ciudades, se formaron colas de los que esperaban su turno o ansiaban debatir sobre las tesis que allí se exponían... Al lado del libro de Nadiezhda Mandelstam, igual de grande, cuyas memorias[2] vengaron la muerte de Ósip Mandelstam, de *Archipiélago Gulag* de Solzhenitsyn, o *Un mundo aparte* de Gustaw

[1] Aleksander Wat, *Mi siglo. Confesiones de un intelectual europeo*, trad. Anna Rubió y Jerzy Sławomirski, Barcelona, Acantilado, 2009.

[2] Nadiezhda Mandelstam, *Contra toda esperanza. Memorias*, pról. Joseph Brodsky, trad. Lydia Kúper, Barcelona, Acantilado, 2012.

Herling-Grudziński, *Mi siglo* era un volumen imprescindible en la biblioteca de cualquier persona que buscara la luz de la verdad e intentara liberarse de la mentira soviética. En Polonia, nacía el movimiento oposicionista, pero la Unión Soviética, dirigida por un decrépito e idiotizado Leonid Brézhnev—que, en el ocaso de su mandato, se movía como un enorme monigote desgarbado y provisto de unas cejas pobladas, cuyo mecanismo se atascaba cada dos por tres—, seguía siendo el espantajo del mundo occidental.

Ahora, transcurridos ya tantos años, tenemos derecho a plantearnos una pregunta de índole histórica: cómo ha soportado el libro el paso del tiempo y si, a semejanza de gran parte de la abundante literatura sovietológica, ha sido relegado a aquella sección de las bibliotecas que queda oculta bajo una misericordiosa capa de polvo o, por el contrario, sigue siendo una obra viva que va más allá del esquema de los estudios politológicos profesionales. La respuesta no presenta dificultad alguna: sí, el libro está vivo, respira y ha resistido perfectamente el cambio de época, la caída del comunismo y la llegada de generaciones nuevas, con nuevas amenazas y nuevos paradigmas políticos. Lo atestiguan el éxito que cosecha en varios países: para innumerables lectores, se ha convertido en un libro de referencia y su autor es considerado uno de los testigos y de los cronistas más importantes del siniestro siglo XX. Sin embargo, la óptica con que es recibido *Mi siglo* se ha ido transformando con el tiempo y creo que este proceso va a continuar: el libro de Wat se percibe cada vez menos como un testimonio directo y espeluznante de la tragedia del estalinismo y de los comunistas—de aquellos de entre los adeptos al comunismo que eran unos idealistas intachables (aunque ingenuos)—, y cada vez más como un extraordinario tratado poético-filosófico, como un poema épico digresivo único en su género, donde evidentemente el tema no pierde en absoluto su importancia, pero el énfasis se desplaza paulatinamente de «siglo» a «mi», de Stalin a Wat, de la descripción de las cárceles soviéticas al desarrollo espiritual del autor. Los primeros lectores se empaparon básicamente de información sobre el sistema soviético, de descripciones del gulag visto desde dentro; los posteriores, en cambio—así lo veo yo—, aguzan el oído a la voz del propio Wat, admiran su primorosa inteligencia y su inmensa perspicacia, y tal vez incluso estén dispuestos a encontrar placer en sus manierismos, en los tics de su memoria, en los excéntricos escarceos de su erudición y en las peculiaridades de su modo de hablar y pensar. Si estoy en lo cierto, este peregrinaje de la acogida del libro de Wat desde el «documento» hasta la épica, desde el testimonio hasta la literatura, ha sido su salvación.

Leí por primera vez el grueso tomo de Wat poco después de su publicación. Me causó una impresión enorme. Me pareció incluso que había sido escrito expresamente para mí, para gente como yo. En la segunda mitad de los setenta, yo era uno de aquellos lectores nuevos que buscaban información sobre la historia contemporánea, pero también era un poeta, un poeta todavía joven que se rebelaba contra el comunismo, contra los métodos totalitarios en el ejercicio del poder político, y que intentaba dar cuerpo a su rebeldía en los versos. Me rebelaba, al tiempo que me preguntaba cómo podía luchar contra el totalitarismo alguien que carecía por completo del talante de un activista social, alguien que no abrigaba ambición política alguna y amaba la poesía, la música y los momentos de plácida soledad mucho más que las asambleas de partido, aunque éste estuviera situado en el noble bando de los oposicionistas. (Pero hay que decirlo todo: admito que algunas reuniones de la Universidad Volante a las que asistían—entre muchos otros—escritores o profesores como Wisława Szymborska, Kornel Filipowicz, Jan Józef Szczepański o Jacek Woźniakowski tenían un encanto irresistible...).[1] Yo escribía poemas abiertamente políticos, críticos, por más que intuyera que aquélla no era la elección más acertada desde un punto de vista estético y que la verdadera poesía reside en otra parte, en una complejidad mayor que, más que en la condena moralista del adversario político, consiste en la capacidad de captar la versatilidad del mundo. En el hermoso poema de Zbigniew Herbert titulado «Carta a Ryszard Krynicki», se plantean dilemas de la misma índole:[2]

sobre nuestros enclenques hombros cargamos los asuntos
 públicos
la lucha contra la tiranía y la mentira el registrar el sufrimiento
mas como oponentes—lo reconocerás—tuvimos unos
 miserablemente pequeños
¿valió entonces la pena degradar la sagrada habla
hasta el balbuceo de la tribuna hasta la espuma negra de los
 periódicos?

Wat me ayudó a responder a todas estas preguntas, no en vano le dictó el libro a Czesław Miłosz desde la posición de un hombre entrado en años y de salud delicada—en el libro, sin embargo, no percibimos ni el cansancio, ni la enfermedad, sino los ecos del placer de la conversación en la que resuenan a menudo los tonos de la alegría de pensar—,

[1] Universidad Volante o Flotante (en polaco, Uniwersytet Latający), institución educativa clandestina organizada en los años setenta por la oposición anticomunista.

[2] Ryszard Krynicki (1943), poeta, traductor y editor polaco que formó parte, junto con Stanisław Barańczak, el propio Zagajewski y muchos otros, de la corriente literaria denominada Nowa Fala ('Nueva Ola') entre los años 1968 y 1976.

y, sobre todo, desde la sabiduría conseguida a fuerza de vivencias y errores propios de una vida dura e intensa a más no poder. Por ejemplo, cuando Wat hablaba de la necesidad de «poner tierra por medio» entre el enemigo y nosotros, cuando afirmaba que la polémica intelectual o artística con el totalitarismo requería distancia y no podía convertirse en una guerra, en un duelo, en un choque frontal, en una «trifulca con el comunismo», sino que debía apelar a la experiencia «existencial», a vivencias profundas que estuviesen más allá de las emociones puramente políticas, decía algo crucial y magnífico, algo que tuvo consecuencias en mis decisiones artísticas, y seguramente no sólo en las mías—tal vez no de inmediato, no de una semana para otra, pero sí, al cabo de los años—.

Además, es de importancia vital lo que Wat—que en su juventud se complacía en la estrafalaria estética del dadaísmo y durante un período breve quedó embelesado por el futurismo—dice sobre la metamorfosis que sufrió en las cárceles soviéticas al descubrir que la lengua no debe ser deformada por frívolos motivos estéticos, sino que es menester respetarla y defenderla para que nos ayude a expresar la experiencia de los tiempos adversos. Encerrado en una celda de la Lubianka, la prisión que, en cierto sentido, fue su «montaña mágica», se revolvió contra los ídolos de su juventud y el lema «palabras en libertad» de Marinetti. «Hay que redescubrir—le dijo a Miłosz—no tanto el significado como la dignidad de las palabras». Esto es una crítica—¡todavía válida!—a la frivolidad que sigue reinando en la cultura literaria y filosófica, una cultura que se desfoga, relativizando la noción de verdad. Wat no fue solamente un «testigo de la época», uno entre los cientos de autores de memorias importantes y sobrecogedoras de la época del nazismo y el comunismo. Fue más que eso. También fue un pensador, un crítico, alguien que aprovechó el tiempo que le fue deparado después de las experiencias carcelarias para recapacitar sobre lo que había experimentado, alguien que buscaba respuestas a las preguntas fundamentales en todas y cada una de sus numerosas lecturas. Y, gracias a esto, pudo ser fuente de inspiración para los demás. Los carceleros soviéticos ni podían sospechar a quién tenían bajo su custodia...

Mi siglo es un libro vivo, porque no fue ideado como una obra historicista, como una síntesis objetiva de informaciones sobre el comunismo, aunque Wat soñara de vez en cuando con una *summa* de esta índole. El comunismo es sin duda el tema principal, pero sólo en la medida en que los reinos recorridos por el protagonista de *Los viajes de Gulliver* son el tema de Jonathan Swift. Wat habla de sí mismo, de sus experiencias, de su vida, en definitiva, de «su siglo». Y como era un hombre barroco (al igual que barroca es su poesía), percibía con particular fuerza la extrañez y el horror del siglo XX. De nadie puede decirse que nació para vivir en el siglo XX (sería un ultraje), pero menos aún de Aleksander Wat... Él, que se complacía en mencionar que entre sus antepasados del siglo XI se encontraba el famoso rabino Rashi de Troyes, uno de los comentaristas medievales del Talmud más apreciados, tenía el verdadero hogar en tiempos remotos más que en la centuria de Stalin. ¿Y no ocurre acaso que los viajeros que andan descarriados por su época son capaces de verla y describirla mejor que nadie porque comparten con ella muy pocos prejuicios? Alguien dirá: ¡Esto es absurdo! ¡El joven Wat estaba repleto de prejuicios de la época, y el Wat de edad madura tampoco era un dechado de inconformismo! Cierto, pero el Wat tardío—y a éste lo conocemos mucho mejor, lo leemos y lo admiramos—ya era totalmente distinto, estaba libre de las enfermedades infantiles del espíritu. Y la etapa de metamorfosis coincidió con su periplo por el archipiélago Gulag.

Las memorias de Wat son caprichosas. Se desprende de ellas que lo que realmente interesa al autor no es la descripción documentada de los años que pasó en las cárceles, sino la conservación y la subsiguiente trasmisión al lector de la «extrañeza de existir» en el siglo XX. «¡Pon tierra por medio entre tú y tus adversarios!», aconseja Wat a los demás, pero él mismo observa también este principio: incluso su estilo narrativo «pone tierra por medio». Por consiguiente, acabamos sabiendo de las manías lingüísticas de Dunayevski, el compañero de celda de Wat en la Lubianka, aunque alguien con un talante más periodístico probablemente habría eliminado esta trama para centrarse en lo primordial. Y podemos leer también un añadido sobre Maquiavelo —bien mirado, superfluo e incluso menos brillante que los otros capítulos del libro— que el autor agregó posteriormente (no todo el texto proviene de las grabaciones magnetofónicas, hay también fragmentos que Wat escribió), junto con un breve tratado sobre el terrón de azúcar, u otro, igual de breve, sobre los rostros soviéticos y no-soviéticos, y numerosas observaciones sobre la poesía. Sin embargo, la paradoja de *Mi siglo* consiste en que incluso las inserciones cuya presencia podría ser considerada un fallo de composición, acaban convirtiéndose en una virtud, puesto que los meandros narrativos contribuyen a construir un todo infinitamente original, facundo, florido, barroco, temerario, extremadamente subjetivo y radicalmente distinto de las obras politológicas de impecable argumento lineal.

Ahora que estoy releyendo la obra de Wat, me cruzo a cada momento con observaciones tan originales, tan—me siento tentado a decir—idiomáticas y tan superiores al esquema habitual de las crónicas políticas que me parece absurdo comparar *Mi siglo* con otros trabajos más académicos. Empecemos por la actitud de Wat ante el comunismo: por un lado, se había contagiado de esta doctrina en los años veinte y había tenido ocasión de conocerla como la palma de su mano, estaba al tanto de sus intríngulis organizativos y mentales, y estaba familiarizado tanto con la figura del intelectual activista como con la del militante de a pie poco cultivado, ferviente y a menudo noble y desinteresado; por el otro, había puesto una distancia tan grande y tan irónica entre él y aquel sistema que era capaz de moverse por su territorio talmente como el entomólogo perfecto que nunca olvida haber sido insecto (de este modo, Aleksander Wat se perfila como el contrario simétrico e ideal de Gregorio Samsa, el desafortunado protagonista de *La metamorfosis* de Kafka). Cuando, por ejemplo, en un lugar determinado comenta cuán importante fue el papel del canto—coral o solista—en el funcionamiento del comunismo ruso, es decir, en qué medida el hombre de la calle, el ruso de a pie, tarareaba o cantaba a pleno pulmón canciones (dicho sea de paso, a menudo muy hermosas y emocionantes, mucho más que el sistema que pretendían glorificar) y, al mismo tiempo, admite no haber sido inmune a la llamada de aquellos omnipresentes vocalistas, no tenemos ninguna duda de que sólo un hombre interiormente libre, sólo un poeta abierto a facetas de la vida humana de lo más diversas y un observador nada ortodoxo, es capaz de percibir este aspecto de la realidad.

Nada ortodoxo e incluso muy ecléctico: en su poesía y en su prosa, destaca a menudo la aversión a tomar partido en disputas ideológicas o religiosas. Judío de origen, de talante y hasta cierto punto de formación, orgulloso de poder decir que Rashi se contaba entre sus antepasados más remotos, pero, al mismo tiempo, un polaco católico fiel de por vida a su devotísima nodriza católica; futurista, pero al mismo tiempo amante de la gran tradición artística europea; traductor de Tolstói y de Dostoievski, lector asiduo de los filósofos, místicos y escritores reaccionarios del siglo XIX y buen conocedor de la pintura antigua, no sentía la necesidad de seleccionar ni de eliminar nada, como si la experiencia del comunismo, cuya esencia son la selección y la eliminación tajantes, la búsqueda eterna y obsesiva de la ortodoxia y el desprecio hacia cualquier forma de pensamiento rechazada por el partido, lo hubiese educado en una sabiduría opuesta al comunismo: lo que importa no son los *-ismos* (a Brodsky le gustaba bromear en inglés: ¡un *-ism* se convierte pronto en un *-wasm*!), sino el uso indiscriminado de las múltiples ventanas que se abren al mundo. Concebía las distintas tradiciones como elementos de una misma totalidad y lo que aunaba dicha totalidad era el genio del escritor, y no al revés, luego: ¡no había ninguna necesidad de tratar la idea como material de construcción para edificar a la desesperada un genio anémico! Además, Wat sostenía que uno de los objetivos principales del comunismo era la destrucción de la vida interior del hombre, ¡y precisamente el ostensible eclecticismo de su mente era la declaración de principios de un individuo dotado de vida interior, de alguien que no se simplificaba a sí mismo y toleraba sus contradicciones!

Wat fue un viajero bien particular: recorrió la Rusia comunista durante la Segunda Guerra Mundial de un modo muy distinto de, pongamos por caso, el marqués de Custine, el célebre analista del sistema zarista del siglo XIX.[1]

[1] La crónica que realizó de su travesía por Rusia en 1839 está traducida al español: Marqués de Custine, *Cartas de Rusia*, trad. José Ramón Monreal, Barcelona, Acantilado, 2019.

A decir verdad, no viajó mucho, básicamente lo hizo de una cárcel a otra (mientras que el brillante marqués no conoció las mazmorras zaristas, sino que se limitó a substituir un salón por otro). Wat solía comportarse como un investigador que no abandona nunca el laboratorio, donde no hace sino analizar las muestras de material que le llegan de fuera. Sus descripciones de las personas que habían ido a dar con sus huesos en las celdas de la Lubianka o de Sarátov son una delicia. En la célebre Lubianka, pero también en Sarátov, donde incluso encontró almas compasivas entre el personal carcelario, pudo respirar un par de meses con relativa calma: a sus celdas, entraba Rusia (o Polonia, ya que, por aquel entonces, había montones de polacos en el archipiélago Gulag), y él, talmente como un espectador inmóvil en una particular versión de la cueva de Platón, observaba el panorama antropológico de aquella gran catástrofe, para evocar, años más tarde y gracias a su portentosa memoria, diálogos y situaciones del pasado.

Algunos de los presos que conoció allí ejercieron una influencia considerable sobre el autor de *Mi siglo*—por ejemplo, Tayts, un comunista ruso, cuya libertad interior y valentía merecieron la admiración de Wat—. A los nacidos años después, nos resulta asombroso que, en el vientre de la ballena estalinista, en las celdas de la macabra Lubianka, se desarrollara una vida tan intensa entre conversaciones, amistades y lecturas, y que uno pudiese dejarse influir por otra gente, aprender, e incluso crecer interiormente, o vivir momentos de éxtasis como los que vivió Wat escuchando Bach en el tejado. Con todo, el lector debe ser consciente de que sólo unos pocos internos de aquella prisión sobrevivieron, mientras que la enorme mayoría sucumbió aplastada por el sistema soviético. Los polacos, amnistiados gracias a los cambios de alianzas después del ataque de Hitler a la URSS, cuando Stalin accedió a la creación de un ejército polaco formado mayoritariamente por los antiguos presos de los gulags, tuvieron durante unos meses un estatus privilegiado.

Volviendo al símil de la cueva de Platón, Wat parecía realmente un filósofo que, a pesar de todo, había decidido no rendirse, permanecer fiel a sí mismo, leer y pensar. Y nos sorprende también la riqueza de los fondos bibliotecarios de la cárcel, de los que Aleksander Wat sacó buena tajada, leyendo en su celda soviética, entre otros, a san Agustín y a Soloviov.

¿Evocó Wat sus recuerdos con una exactitud absoluta? Probablemente, no. Es posible que los años de reflexión después de la guerra y de sus «aventuras» en la Unión Soviética cuando los hospitales substituyeron a las cárceles hicieron que su mente siguiera elaborando los recuerdos, moldeándolos y tal vez incluso tergiversándolos un poco. A pesar de ello, el lector de *Mi siglo* no duda ni por un instante de que está ante un libro, eso sí, barroco y portentosamente digresivo, pero en ningún caso de ficción. En él, Wat reconoce incluso sus debilidades, lo cual es lo más difícil de todo, casi imposible psicológicamente y, cuando rememora los interrogatorios a los que fue sometido, admite: «Hablé demasiado».

No todos los lectores polacos saludaron el libro de Wat con entusiasmo. Fueron sobre todo los contemporáneos del autor quienes lo obsequiaron con palabras más duras de censura. Algunos le reprochaban no haber ofrecido una versión veraz de los acontecimientos que había presenciado, por ejemplo, en la descripción y en la valoración de la «provocación de Lviv» que marcaría el inicio de su camino hacia las cárceles y la deportación.[1] También ha provo-

[1] Referencia a la detención de Aleksander Wat y otros escritores por

cado controversias su retrato de Kazimierz Więcek, el representante de la embajada del gobierno polaco en el exilio con sede en Londres (aparece en la última parte). Además, el libro de Wat despierta inquina desde hace años en los círculos de derechas, donde prevalece la opinión de que su autor era una persona de moral dudosa, puesto que colaboró con las autoridades soviéticas durante su estancia en Lviv (cosa que él mismo admite y explica con todo detalle). Incluso el mismísimo Jerzy Giedroyc le achacó serias «inexactitudes» al libro y se negó a publicarlo. Es por eso por lo que *Mi siglo* apareció finalmente en Londres, y no en París, a pesar de que su lugar natural hubiese estado entre las obras de Miłosz y Herling-Grudziński. Sin embargo, Miłosz señaló en una crítica de la autobiografía de Jerzy Giedroyc que quizá no se tratara tanto de «inexactitudes» como de un conflicto personal entre Wat y el director de la *Kultura*, conflicto que ni siquiera el paso de los años tras la muerte de aquél lograría apaciguar.

Menciono estas críticas para mostrar el trasfondo con el que puede ser leído *Mi siglo*. La crítica de índole política o incluso «partidista» no es capaz de hacerle mucho daño al libro. Aleksander Wat nunca ocultó su pasado comunista; aquello le hacía sufrir e incluso atribuía el origen de su terrible enfermedad a la culpabilidad política.[1] Naturalmente, es muy posible que, con sus memorias, le hiciera daño

medio de una provocación supuestamente orquestada por el NKVD en la ciudad de Lviv (1940), entonces ocupada por el Ejército Rojo, donde el escritor se había refugiado junto con su familia desde la anexión de Polonia por Alemania. Después, sería encarcelado en la Lubianka y en Sarátov, y luego deportado al Kazajistán, junto con su esposa y su hijo. Regresó a Polonia en 1946.

[1] En 1953, Wat fue diagnosticado de síndrome de Wallenberg, una grave y dolorosa afección neurológica.

a alguien. Sin embargo, los ataques de naturaleza política—y no sólo en el caso del libro en cuestión—suelen estar caracterizados por una ceguera absoluta a la calidad literaria y humana de la obra. Y se da la extraña coincidencia de que los ejecutores de esta clase de *vendetta* política suelen ser autores de escaso (o nulo) talento, quienes, a despecho de todo, prueban sus fuerzas en la literatura, y no sólo en la literatura panfletaria... En sus poemas y en *Mi siglo*, Aleksander Wat vuela tan alto que su reputación permanece incólume: la artillería antiaérea de sus perseguidores no le puede dar alcance.

Sin embargo, si nos paramos a pensar en la magnitud de la apuesta que Wat hizo al entrevistarse con Miłosz, el asunto se nos antoja mucho más dramático. Primero, debemos recordar que Wat se fue de este mundo sin saber si *Mi siglo* saldría a la luz algún día: las cintas magnetofónicas aún no habían sido transcritas, el libro no existía. Podía temer, y seguramente temía, que no lograría legar lo que Stanisław Ignacy Witkiewicz se complacía en llamar en alemán *Hauptwerk*, una obra magna. Probablemente, en su vida había días llenos de amargura en los que se consideraba un autor fracasado, improductivo. No podía prever el éxito que tendría *Mi siglo*. Y, en el fondo, la apuesta era aún mucho más alta: no se trataba de una fama póstuma puramente literaria. En sus conversaciones con Miłosz, Wat afrontaba una tarea dificilísima: la de redefinir toda una vida.

Últimamente, en el marco de las obras completas de Wat publicadas por la editorial Czytelnik, ha aparecido un grueso tomo que reúne sus textos periodísticos. Y he aquí que gran parte de sus ochocientas cuarenta páginas corresponden a artículos que Wat, nuestro Wat, el Wat tardío, habría preferido destruir, unos artículos escritos por alguien que, o bien creía en el comunismo y recurría a su jerigonza, o bien se veía obligado a fingir que aceptaba su jerga o por lo menos sus fundamentos ideológicos. Esto ocurría en la Lviv ocupada por los rusos antes de que lo arrestaran, pero también en notas y en esbozos posteriores al año 1946, a pesar de que el autor de *Mi siglo* jurase y perjurase a Miłosz, un interlocutor benévolo—y, a través de él, nos lo jurase y perjurase a nosotros—, que había vuelto del destierro siendo un anticomunista convencido y ya en absoluto dispuesto a ceder ante las presiones de las autoridades. Pero ¿acaso la expresión «verse obligado» es aplicable a la mente humana?

En este libro fruto de la colaboración con Miłosz, Aleksander Wat hace una tentativa desesperada por salvar la totalidad de su vida en la literatura y en la historia, e intenta invertir la polaridad ideológica que solía atribuirse a las distintas etapas de su evolución intelectual. Alguno de sus enemigos diría, y muchos lo hicieron, que Wat mintió en *Mi siglo*, que fabuló, idealizó y embelleció su propia historia, y que sólo resulta creíble cuando habla de lo mucho que echaba de menos a su mujer y a su hijo. Sin embargo, el autor del presente texto simpatiza con Wat. Y no: Wat no miente. Embellece, eso sí, pero el verbo «embellecer» no describe bien la esencia de las cosas. Estamos delante de la confesión de un hijo del siglo o, mejor dicho, de algo todavía más interesante que una confesión: una proeza intelectual insólita y única.

Wat no miente. Dice lo que le dicta su sabiduría, una sabiduría triste y amarga adquirida en las cárceles y en el destierro, en la Polonia estalinista de la posguerra, y en los hospitales y en los modestos habitáculos parisinos del exilio. Aprovechando la libertad de palabra que le ofrece Occidente y la presencia benévola de Miłosz, se reconstruye completamente a base de las reflexiones de los últimos veinte años de vida. Y lo hace a sabiendas de que no le queda mucho tiempo, de que no habrá más oportunidades, que está enfermo y que, de no tener un interlocutor tan excepcional, se hundiría en el sufrimiento y en la impotencia que le provoca su dolencia. No miente, pues. Al contrario: recurre a los estratos y recursos del intelecto y del alma que elaboró en los momentos más difíciles de su biografía y que, para él, son lo más verdadero e importante. Aquí, la mente humana, la brillante mente de Wat, se renueva, y no lo hace en el narcisismo de la autorreflexión, sino en una magnánima cascada de observaciones relacionadas con la lúgubre historia y con la cultura del siglo XX o, dicho de otra manera, relacionadas con la modernidad, la substancia en la que aún seguimos inmersos.

Si leo este libro con tan buena disposición no es porque Wat se haya ganado mi simpatía con otras actividades, por ejemplo, con sus poemas—aunque sí lo ha hecho—, ni porque tuviera ocasión de conocer a su mujer, Ola Watowa, que me cautivó con su encanto, o a su hijo Andrzej (sí, a su tan añorado hijo, el protagonista secreto del libro). Leo *Mi siglo* con buena disposición porque me ha seducido el propio libro. Este acto restaurador de una mente perspicaz que tiene lugar prácticamente delante de nuestros ojos, los ojos que se deslizan sobre los oscuros caracteres tipográficos, me ha arrebatado en dos ocasiones: hace años, durante la primera lectura, y otra vez ahora, cuando han cambiado tantas cosas, ahora que sé mucho más del siglo XX y de Aleksander Wat, y he dejado de ser un joven poeta rebelde, lo que no significa que no me plantee preguntas ni tenga dilemas que resolver. Me ha arrebatado con sus observaciones, con sus análisis, pero también con sus meandros y caprichos.

Porque Aleksander Wat no fue un héroe, no fue el Dietrich Bonhoeffer del comunismo: en realidad, era algo conformista. Los polacos, que tienen debilidad por los monumentos (por desgracia, en la mayoría de los casos de una estética dudosa)—echar una mirada a una escultura de bronce resulta más fácil que leer un libro—, con toda seguridad no van a erigir ninguno en honor de Wat. Pero de una cosa no cabe duda: Wat no tenía ni un pelo de tonto. Si bien desde muy joven fue un escritor eminente, un intelectual, llegó a las cárceles soviéticas como un *everyman* y sus compañeros de celda eran otros intelectuales, pero también gente sencilla: un chófer o una panda de delincuentes comunes rusos. Todo parece indicar que el NKVD no sabía qué hacer con él. Lo que lo convirtió en héroe o, mejor dicho, en mártir, fue aquella espantosa enfermedad que se manifestaba mediante dolores insoportables. Y así lo recordamos, así nació el mito de Aleksander Wat, tan verdadero como la mayoría de los mitos.

Hoy en día, el lector de *Mi siglo* prestará especial atención a los episodios «metafísicos» del libro: la música de Bach escuchada en el tejado de la Lubianka y, aún más importante, la visión del diablo que el escritor tuvo en la cárcel de Sarátov, una visión que condicionaría su conversión religiosa. Wat reconstruye su pasado utilizando la tesitura propia de la experiencia que se acumula con el paso de los días, pero también una tesitura extática. Cualquier lector de poesía reconocerá en este dualismo la materia de la vida espiritual que siempre se despliega entre el *continuum* de la experiencia cotidiana y los saltos de las vivencias extáticas. Al mismo tiempo, a un lector atento no le pasará desapercibido el extraordinario papel que la presencia solícita de Miłosz desempeñó en la creación del libro. Porque, al otro lado de la mesa sobre la cual giraban pacientemente las bobinas del magnetófono, no estaba sentado un periodista, un profesional de las entrevistas dispuesto a conversar con el político, el sacerdote o el economista de turno según la necesidad del momento, sino un poeta, un mago de la imaginación. Y en gran medida es mérito de Miłosz que, en este libro magnífico y desigual como todas las obras voluminosas y ambiciosas, encontremos fragmentos verdaderamente inspirados. Si dos grandes poetas se sientan a un lado y al otro de la mesa, es sólo cuestión del tiempo que empiecen a centellear en el aire las gemas de una sabiduría superior…

MELANCÓLICO Y CONCRETO

Winfried Georg Sebald, que abandonó los pesados nombres hegeliano-wagnerianos que le habían puesto sus padres a favor de un nombre ligero y cosmopolita y que, para sus amigos, era sólo Max (en esta transacción, encontramos ya el germen de su obra creativa futura), se marchó a Inglaterra siendo todavía muy joven, con apenas veinte años. Luego regresó a Alemania por un año, aunque finalmente acabó fijando la residencia en Inglaterra. En sus años mozos, estuvo vinculado al movimiento ideológico de la generación del 68 en su variante alemana, un movimiento que transformó en gran medida la mentalidad de los habitantes de la República Federal y contribuyó a la condena sin paliativos de los crímenes del nazismo, provocando que la sociedad de la Alemania Occidental fuera probablemente la única en toda la faz de la tierra que hiciera examen de conciencia y confesara sus terribles culpas, aunque también se caracterizaba por una absoluta falta de sentido del humor.

Nunca he coincidido con Sebald y lo lamento, pero conocí y conozco a algunas personas que tuvieron contacto con él. A Susan Sontag le gustaba contar una anécdota: desde muy al principio, había formado parte del grupo de entusiastas de la prosa de Sebald y alardeaba—probablemente con razón—de haber sido la instigadora de la magnífica acogida que tuvo su obra en Estados Unidos. Sin embargo, no lo conocía en persona. En esas que, durante un banquete celebrado en Londres, alguien comentó en las postrimerías del convite que el autor de *Los anillos de Saturno* estaba en una sala contigua. Ella lo localizó enseguida y no tardó en tomar la iniciativa: le propuso acudir al bar más cercano para charlar un poco. ¡Y habría que haber visto la majestuosidad de la figura de Susan Sontag, con su mechón cano en la corona de pelo negro, su vozarrón, su fama, y la plena convicción—en este caso, una convicción más que justificada—de haber hecho muchísimo por el escritor anglo-alemán en Estados Unidos, tanto que era merecedora de su atención, por no decir de su gratitud! Para el asombro de la escritora, Sebald rechazó la propuesta: echó una mirada al reloj y constató que, desgraciadamente, el último tren para Norwich salía al cabo de media hora y tenía que partir hacia la estación sin más tardanza. Susan Sontag contaba aquello con una incredulidad no carente de admiración: ¡Sebald se había perdido la oportunidad de conversar con ella («*He snubbed me*»)!

Es de todos conocida la leyenda de aquel autor solitario, de aquel emigrante, de aquel alemán que residía en Norwich, en Anglia del Este (East Anglia), de aquel profesor de la universidad homónima que no empezó a publicar prosa artística hasta muy tarde, después de largos años dedicados a la docencia y a trabajos de carácter académico. Este hecho resulta sorprendente de por sí: cualquiera que haya escrito prosa, ni que sólo sea un puñado de páginas de cualquier tipo de prosa, es consciente de la enorme distancia que separa el trabajo académico, donde los senderos están marcados y al anochecer se encienden las farolas para que los autores no sientan ningún miedo—cosa que no significa ni mucho menos que, para escribir algo valioso en este género, no sea imprescindible poseer una gran inteligencia—de otros tipos de escritos, llamémosles artísticos, en los que el escribiente es el piloto de un planeador que se entrega a las corrientes del viento y no sabe, no puede saber, si va a volar diez kilómetros o quinientos y si lo va a hacer en dirección norte o sur (y ni tan sólo va a poder contar con un avión que lo remolque hasta la altura necesaria).

Uno de los escritores a quienes Sebald dedicó sus estudios y sus clases en la Universidad de Anglia del Este es Thomas Bernhard, el destacado poeta del ultraje, la repetición y el apasionamiento. Pero, sin duda alguna, un poeta. Un iconoclasta inspirado. Aunque, en la obra de Sebald, las huellas del estilo de su colega mayor casi brillen por su ausencia (tal vez una excepción sea *Austerlitz*), la presencia del gran escritor austríaco sigue siendo perceptible. Para ambos autores, la escritura es un acto parecido a la confección de una tela tupida; a los protagonistas, a las personas que aparecen en las páginas de sus libros, se les priva de libertad—son tan sólo parte de un cuadro más amplio, de un tapiz—. Los libros de los dos escritores tienen algo macizo, holístico, están pintados a base de grandes manchas, y captan nuestra atención de un modo difícil de explicar. En Bernhard, encontramos cada dos por tres aquellas repeticiones que otorgan a su prosa un carácter airadamente musical. Pero resulta difícil determinar en qué consiste exactamente la magia de la lectura de Sebald. El eminente crítico James Wood apunta a la *uncertainty*, a la incertidumbre, a la incompletitud de su narración y, resulta evidente que esa «*uncertainty*» se ve realzada y acrecentada por la presencia de aquellas fotografías algo borrosas.

Hablando de críticos: Sebald tuvo mucha suerte con los reseñadores y, al poco de morir, ya se había convertido en un autor de culto. Basta con pasar media hora navegando por Internet para ver la enorme cantidad de blogs y páginas web que están dedicados a su obra. Tampoco faltan las voces críticas, aunque no son frecuentes. Por ejemplo, Ruth Franklin, vinculada a la respetable revista *The New Republic*, puso de manifiesto su decepción tras haber leído *Sobre la historia natural de la destrucción*. Llegó a la conclusión de que Sebald, que en sus libros anteriores había sido un cronista concienzudo y severo de los destrozos causado por el genocidio, de repente se había puesto a escribir sobre los sufrimientos de los alemanes utilizando el mismo lenguaje con el que hablaba de las víctimas del Holocausto. Y le achacó también la estetización de los tormentos que padecieron los mártires de la Segunda Guerra Mundial.

Probablemente, esta clase de debates no van a acabar pronto, ya que Sebald edificó su obra sobre arenas movedizas ideológicas; suscitará polémica tanto entre los amantes de la literatura como entre las personas que más bien están interesadas por la política.

La estructura de un libro como *Los anillos de Saturno* reúne dos características interesantes por contradictorias: por un lado, el torrente de digresiones es imprevisible (sir Thomas Browne, Joseph Conrad, Chateaubriand, Roger Casement, Leopoldo II de Bélgica, Algernon Charles Swinburne, Michael Hamburger, Edward Fitzgerald: si un autor polaco escribiese sobre tantas figuras distintas, se le acusaría de ser un parnasiano insoportable); por el otro, la narración se estanca con cada tema nuevo y la lente se adhiere a él como el imán al hierro.

La obra magna de Sebald es el libro *Die Ausgewanderten*, es decir, *The Emigrants*, es decir, *Los emigrados*. El original alemán se publicó en 1992. Cuatro relatos enigmáticos sobre cuatro personajes enigmáticos que no tienen nada más en común que haber experimentado el exilio en alguna etapa de su vida y atraviesan el horroroso siglo XX marcados por las lenguas de fuego de su época. Este libro parece haber llegado de ninguna parte, fue escrito por un autor por aquel entonces todavía anónimo que consiguió decir algo totalmente nuevo sobre una materia harto conocida y explotada en centenares de novelas y películas. Es un libro calmado, escrito a la sombra profunda de la historia, no vemos en él campos de concentración, no hay en él ni tanques ni ejecuciones, sólo las cenizas que han caído sobre las cabezas de los salvados. Salvados, en apariencia, porque, en la prosa de Sebald, no hay salvación posible.

Y tal vez sea precisamente en este libro donde funcione a la perfección el invento de Sebald: aquellas fotografías de aficionado algo empañadas, un poco misteriosas, sacadas de algún cajón, a veces propio y a menudo de otra gente, unas fotografías que, a ratos, guardan relación con el texto, aunque en otras ocasiones no lo hacen en absoluto. Las fotografías encontradas en la tienda de antigüedades llamada Auschwitz.

Sebald no sonríe nunca, es como Buster Keaton con su rostro inalterable de sonámbulo. Cuando deambula por la costa este de Inglaterra no muy lejos de Norwich donde tenía su base, jamás hace sol, ni tan sólo en verano, como observó un crítico inglés. No sabemos qué hacía Sebald en los días soleados que probablemente se dan incluso en la Inglaterra oriental, pero es evidente que no lo registró en sus apuntes. La lluvia es otra cosa, la lluvia es bienvenida. *Los anillos de Saturno* es una novela escrita con la técnica de la caja china, y todos los componentes de este cofrecillo están saturados de una profunda tristeza, de desgracia y, hasta cierto punto, de la convicción de que la historia del mundo es una historia de calamidades y el sol no brilla nunca, y no sólo al este de Inglaterra.

El secreto del éxito de Sebald reside en su lenguaje. El autor consiguió un dominio perfecto de dos habilidades sin las cuales no podemos concebir un gran relato épico. Primero—y esto es lo más importante—escribía con un lenguaje extremadamente individual, poético, aunque no excesivamente, con un lenguaje sebaldiano, plástico y autoconsciente, concreto y melancólico, un lenguaje que atrae al lector, como el néctar de las flores atrae a las abejas hambrientas que rondan por los alrededores. En segundo lugar, sabía utilizar muy bien la *retardatio*, es decir, la demora épica, la capacidad de dejar en suspenso la narración, de hacerla más pausada, consiguiendo así que el apetito del receptor aumente—uno de los grandes maestros de la *retardatio* del siglo XX fue Thomas Mann—.

No poseen este don—ni falta que les hace—los poetas líricos; éstos hablan deprisa, tienen que decirlo todo de inmediato, como si temieran que el círculo de oyentes fuese a menguar con cada minuto. Gracias a ello, no obstante, a veces logran encontrar una voz en la que el oyente (el lector) percibe pura veracidad... El autor épico tampoco nos miente—o, por lo menos, eso nos gusta creer—, pero le permitimos dar rodeos, aceptamos de buen grado sus pausas y demoras, nos agradan sus subterfugios y nos alegramos imaginando cómo va a continuar—dejamos el libro para el día siguiente, a sabiendas de que permanecerá allí, aguardando—. El autor épico puede y debe ser veraz (en un sentido profundo del término, no en el literal); en cambio, a diferencia del poeta, no está obligado a provocar el escalofrío inmediato de la verdad.

Por otro lado, un lado menos formal, menos estilístico, parece que, en cierto sentido, Sebald había retrocedido hasta la generación anterior y se identificaba en gran medida con sus predecesores que fueron víctimas reales o potenciales del Holocausto, manteniendo en cambio agrias polémicas con gente como Alfred Andersch que, según creía, no estuvo a la altura de las circunstancias en aquellos tiempos. Andersch, el prosista alemán nacido en 1914 y fallecido en 1980, se convirtió en la bestia negra de Sebald, quien lo acusaba de haber tenido un comportamiento indigno de un moralista, rango al que Andersch aspiraba en la opulenta República Federal de la posguerra. No voy a dar detalles de dichas acusaciones, porque esto más bien sería tema para un artículo entero. Sin embargo, cabe decir que investigaciones de archivo posteriores corroboraron las sospechas de Sebald, aunque tal vez sea más interesante la virulencia con la que él, un *Nachgeborene*, un «nacido después», como dicen los alemanes—alguien que jamás experimentó los horrores del totalitarismo y sólo los conoció como un historiador conoce el pasado, es decir, poco—, perseguía a un escritor que lo aventajaba mucho en edad y que, a diferencia de él, había vivido en unos tiempos terribles. Tamaña virulencia, aunque estuviera respaldada por hechos, puede despertar alguna duda, e incluso alguna que otra asociación con la saña de ciertos funcionarios de nuestro IPN.[1]

Por el contrario, una figura ejemplar para Sebald era Michael Hamburger, poeta y traductor nacido el 1924 en el seno de una familia judía de Berlín. A los nueve años, Hamburger consiguió abandonar la Alemania nazi y partir para la Gran Bretaña, donde pasó el resto de su larga y laboriosa vida. Murió en 2007. Tradujo al inglés algunos de los poetas alemanes más eminentes, confeccionó varias antologías y contribuyó a la popularización de la poesía alemana en los países anglosajones. Era también uno de los traducto-

[1] Instytut Pamięci Narodowej - Komisja Ścigania Zbrodni przeciwko Narodowi Polskiemu ('Instituto de la Memoria Nacional - Comisión para el Enjuiciamiento de los Crímenes contra la Nación Polaca'), institución gubernamental creada en 1998 con el objetivo de investigar y castigar los crímenes cometidos por nazis y comunistas en Polonia e iniciar procesos de depuración que han derivado en algunos casos en auténticas persecuciones políticas basadas incluso en acusaciones falsas.

res de Sebald. La visita que el narrador de *Los anillos de Saturno* hace a la casa de Hamburger es el punto culminante de aquella narración, tan lúgubre en el resto de sus episodios. Como resulta fácil de entender, no soy capaz de confirmar mi tesis con ejemplos del texto—es algo imposible de probar—, pero tengo la sensación de que Sebald *ansiaba* ser Michael Hamburger y que, en cierto sentido, en casa de Hamburger se encontró a sí mismo, y no lo hizo como el prófugo de una Bundesrepublik en el fondo inofensiva, sino como un exiliado del implacable Tercer Reich, alguien que ha catado el peligro real y el destierro real. Y, en *Austerlitz*, la narración se sitúa durante un tiempo en los alrededores del puente de Austerlitz, probablemente porque, según la opinión más extendida, es desde donde saltó al Sena el desesperado Paul Celan, el gran poeta del Holocausto; aunque nadie lo sabe a ciencia cierta.

Ha llegado la hora de decir algo incómodo, algo con lo que corro el riesgo de desafiar a los incondicionales de este autor. Admiro la obra de Sebald, pero me resulta problemático. Porque, si tratamos en serio la literatura y no sólo tomamos en cuenta las soluciones estéticas logradas, el lenguaje y las imágenes, sino también la naturaleza de las sugerencias ideológicas inherentes a todo ello—huelga decir que formuladas de un modo muy distinto al que se suele utilizar en la filosofía—, debo manifestar mi desacuerdo con el autor de *Austerlitz*, un desacuerdo que no merma en absoluto la admiración que profeso hacia sus libros. Y también me inquieta que lo que voy a decir pueda leerse en clave de los tristemente famosos rapapolvos con los que los críticos marxistas obsequiaban, en Polonia y en otros países, a la literatura acusada de ser «decadente». Pero esto mío no va de «decadencia», ni estoy hablando como marxista, que no lo soy. Intento hablar como un hombre libre, libre dentro de ciertos límites, sin exagerar, como alguien que busca en los libros sustento para sus pensamientos y su imaginación, sustento para su vida.

Ahora bien, el mundo de Sebald, ese mundo descrito tan extraordinariamente y tan fascinante en su lúgubre monotonía, está muerto—no en un sentido estético, pero sí, filosófico—. («A veces, cuando miro el horizonte, creo que ya está todo muerto», leemos en *Los anillos de Saturno*). El libro en cuestión es un magnífico catálogo de personas y de objetos muertos. Sí, lo reconozco, me costaba interrumpir la lectura de *Los anillos de Saturno*. Las catástrofes marítimas y terrestres, los jardines y palacios dejados de la mano de Dios, las playas desiertas, los crímenes de Leopoldo de Bélgica, la suerte de Edward Fitzgerald, de Roger Casement y su ejecución: no podía apartar de mí aquel libro apasionante. Sin embargo, andando el tiempo, me di cuenta de que no me sentía capaz ni deseaba volver a leer *Los anillos*. Allí reina la muerte, no la vida y, para descubrir eso, basta con una sola lectura.

Al principio mismo de sus *Memorias*, un libro hermoso y trágico, Stanisław Brzozowski propone una definición propia de poesía que merece nuestra atención (naturalmente, una definición de poesía tan exhaustiva y concluyente como una sentencia del Tribunal Supremo no es posible): «La poesía nace allí donde una imagen sintética del mundo, un conjunto de pensamientos, es decir, un ente espiritual, la forma ideal de la condición humana, es percibida como una alegría y flota en el aire en alas de su embrujo por encima del alma y la mente, por encima de toda la vida...». Es posible hacer extensiva esta definición a la prosa, al menos a una prosa que no teje su narración para entretener, sino que pretende ser la hermana carnal de la poesía. Huelga decir que, llegados a este punto, enseguida aparece—e incluso debe aparecer—la objeción de que el Holocausto lo cambió todo e hizo que no exista ni pueda existir la alegría de la que habla Brzozowski.

Cómo son las cosas en realidad, resulta una pregunta difícil de responder en el marco de un breve esbozo... El Holocausto cambió muchas cosas para quienes escribimos, intentamos pensar, recordamos y se nos encoge el corazón cada vez que contemplamos la fotografía de un niño judío conducido a la muerte. Pero el Holocausto no ha cambiado del todo la substancia del universo, se ha limitado a echar una sombra sobre el mundo y sobre todas las cosas que hay en él. Ahora, la tristeza y la alegría, la música y la pintura, el invierno y el verano, el prado y el río, están cubiertos de una fina capa de sombra, pero, por debajo, perviven los más variopintos componentes de la existencia: árboles primaverales y bachilleres recién graduados vestidos con sus mejores galas, vencejos con sus chillidos despreocupados y *boy scouts* que parten hacia el bosque en su expedición dominical. Y también ancianas que recuerdan sus años mozos sentadas en los bancos de Planty.[1] El mundo sigue existiendo. En cambio, Sebald, por así decirlo, habla de aquella sombra, de aquella capa fina.

El mundo existe, y existen también nuestras emociones. Al hablar de la *beauté du monde*, de la belleza del mundo, el gran crítico Jean Starobinski saca a colación a poetas y novelistas. Cita, por ejemplo, las palabras de Hamlet en la escena II del segundo acto (*the beauty of the world*) y nos remite a Marcel Proust y, de este modo, rompe la prohibición no escrita de utilizar la palabra *belleza*, una proscripción debida tanto a la actitud doctrinaria de gran parte de los crí-

[1] Uno de los parques más extensos de Cracovia, que rodea el casco antiguo a lo largo de las antiguas murallas de la ciudad.

ticos contemporáneos como a un luto mal entendido por el Holocausto (a Starobinski, cuya familia judía se trasladó hace ya mucho tiempo de Varsovia a Ginebra, no hay que explicarle qué fue el Holocausto). No podemos hablar del arte sin mencionar la belleza. Puede que, en los dominios del arte, estemos delante de un espacio donde la belleza y el mal se enfrentan cara a cara, y el sufrimiento permanece al acecho justo al lado. No acabamos de entender qué clase de relación los une y podemos estar seguros de que nunca encontraremos la fórmula matemática que los vincula, pero cada vez que pensamos en la una, el otro no tarda en hacer acto de presencia.

Por lo que se refiere a la realidad en la que vive, el escritor tiene que—debería, puede—contraponer lo que existe con lo que podría existir y tal vez no sea más que un sueño, una esperanza, un deslumbramiento. Uno de mis poetas más queridos, W. B. Yeats, dijo de su ligeramente alocada disertación *A Vision* y de los ensayos que la componen: «*They have helped me to hold in a single thought reality and justice*», o sea: «Me ayudaron a encerrar en un solo pensamiento la realidad y la justicia». Lo que existe es a menudo lúgubre, cruel, fallido, pero los poetas y los prosistas lo contemplan a la luz de una cerilla encendida. Esta cerilla, esta candela, es un sueño, un sueño de justicia nunca revelado abiertamente en voz alta, ya que los poetas y los escritores no son ideólogos ni activistas sociales. Sebald era y sigue siendo un gran escritor, pero a menudo tenemos la sensación de que su cerilla se ha extinguido, o que al menos se ha consumido aquella parte que es responsable de los sueños. Como dijo Czesław Miłosz justo acabada la guerra y tal vez recordando un fragmento de las *Memorias* de Brzozowski:

Dejad
a los poetas un instante
de alegría
o desaparecerá vuestro mundo.

MIŁOSZ JOVEN Y VIEJO

Todo parece indicar que los lectores sienten especial cariño por los poetas que, como Keats o Novalis, murieron jóvenes o que, como Rimbaud, abandonaron pronto la poesía para dedicarse a la vida práctica (a decir verdad, resulta difícil encontrar otros ejemplos de biografías tan peculiares). Nos fascina alguien como Hugo von Hofmannsthal, que escribía poemas extraordinarios cuando estaba en el colegio y luego abandonó la lírica. En la época actual, hay algo que nos hace admirar un fragmento, adivinar su continuación, e imaginar el desenlace que no se produjo nunca. La creación que se prolonga hasta la vejez tardía, una creación llena, madura y saturada de sabiduría como el vino saturado de sol meridional, nos intimida y, a veces, nos desalienta. Al parecer, en Alemania, incluso el gran Goethe queda relegado a menudo a un segundo puesto por detrás de Hölderlin, que enmudeció antes de tiempo, desaparecido en la noche de la locura.

En Polonia, tenemos poetas que perecieron en la Segunda Guerra Mundial—«tenemos a esos hermanos nuestros», como decía Stanisław Grochowiak, otro poeta excelente que no llegó a una edad avanzada—. Intérpretes famosos cantan sus poemas acompañándose de una guitarra o un piano, y las fotos de sus rostros jóvenes y llenos de esperanzas frustradas adornan las paredes de las habitaciones de las colegialas y los estudiantes, colgadas encima del escritorio. Y también—probablemente como todos los países—tenemos poetas rebeldes, suicidas que se marcharon pronto por voluntad propia, que cerraron de un portazo la puerta de la vida, venciendo en cierta manera al tiempo y a la biología: serán jóvenes para siempre jamás, otros rebeldes les rendirán culto, y nunca veremos arrugas en su frente ni medallas en la solapa de su americana, signos visibles de la longevidad y de las concesiones que se han hecho.

Czesław Miłosz se sitúa en el polo opuesto de aquellos jóvenes poetas inmortales. Vivió hasta los noventa y tres años, trabajó casi hasta el último momento, cumplió sus objetivos (aunque sin duda no todos, porque esto es imposible) y, como suele decirse, no desperdició en absoluto su talento. Numerosas coronas de laurel adornaron sus sienes, incluida la de más renombre: el Nobel. Por añadidura, era una persona tan extraordinariamente trabajadora, tan dotada e inteligente que, además de volúmenes de poesía, nos dejó como legado varios tomos de prosa: pocas novelas—no era un género que apreciara especialmente—, pero sí muchos conjuntos de ensayos y, entre éstos, libros tan importantes e influyentes como *La mente cautiva* o—menos conocido, aunque la mar de inspirador—*La tierra de Ulro*. Tampoco le hacía ascos a traducir poesía de otras lenguas y se convirtió en un traductor magnífico, extraordinariamente bueno, de Shakespeare, Yeats, Baudelaire, de poetas norte y sudamericanos, así como de salmos y proverbios bíblicos. Antes que nada, era poeta, cosa en la que hacía hincapié y que resulta evidente para cualquiera que haya conocido su obra, aunque también tenía ambiciones puramente intelectuales, filosóficas.

Quería comprenderlo todo, estaba de acuerdo o polemizaba con las opiniones dominantes en la época, se prodigaba como publicista, filósofo y esgrimidor de ideas. Era muy sensible a lo que decía o susurraba el espíritu del tiempo y, aunque a veces obedecía a su voz, en otras ocasiones discutía con él vehementemente—y eso que no faltan escritores totalmente sordos al canto del *Zeitgeist*—. En la Polonia liberada del comunismo, hacía el papel de gran autoridad, y no solamente autoridad artística, sino también política: defendía el sistema democrático-liberal, se sentía más cerca de la izquierda que de la derecha, pero al mismo tiempo sorprendía a muchos con la profundidad de sus creencias religiosas. Aquélla no era una combinación evidente ni para los representantes de la izquierda, ni para la gente de fe. No lo era y sigue sin serlo.

Sorprende la lectura de las cartas que escribió en distintos momentos de su vida (y, hay tantas, que todavía esperan ver la luz varios tomos de correspondencia, aunque muchas ya han sido publicadas). Siempre, literalmente siempre, casi cada día, Miłosz, escribía algo nuevo—un poema, un ensayo—, traducía, preparaba las clases de la universidad, ayudaba a los amigos en la publicación de revistas literarias, tomaba parte en la vida pública, se indignaba, salía en defensa de alguien o de algún libro, intervenía. Y se reía estentóreamente. Porque, en la risa, este poeta religioso estaba más cerca de Rabelais que de los ermitaños de Capadocia (aunque no podemos descartar que ellos también apreciaran la risa).

Incluso en la peor etapa, durante la Segunda Guerra Mundial, cuando Varsovia era una ciudad ocupada y atormentada, el Miłosz todavía joven destacaba por su portentosa capacidad de trabajo: escribía poemas y ensayos, estudiaba inglés, traducía, y participaba activamente en la vida literaria y editorial de la clandestinidad. Escribía y traducía, porque quería entender. Siempre, en todos los momentos de su vida, una vida colmada de transformaciones dramáticas que empezó en la Rusia zarista (Miłosz nació en 1911 y murió en el 2004) para acabar en una Polonia miembro de la OTAN a punto de entrar a formar parte de la Unión Europea, quería y tenía que entender lo que ocurría a su alrededor, quería entender qué sentido filosófico, poético y político tenía el momento actual. Después de muchos años, regresó con el pensamiento al período de la ocupación nazi, no sin una nostalgia paradójica, «porque entonces todo era meridiano» (en un sentido moral). Más difíciles para la conciencia del poeta resultaron los primeros años de la posguerra, cuando su talante izquierdista y el odio a la derecha nacionalista lo empujaron hacia los círculos comunistas de poder, mientras que su sensibilidad moral o simplemente humana lo hacía estremecer ante los repugnantes métodos que utilizaban sus aliados del momento, cosa que acabaría determinando que no se sintiese capaz de soportar más aquel peso y optase por dar un paso radical: emigrar. Era el año 1951. Eligió emigrar, creyendo que el exilio ahogaría de una vez por todas su vocación poética al privarlo del contacto con su lengua materna y con su ambiente natural, la *inteliguentsia* polaca con la que a menudo mantenía contiendas vehementes, pero a la que pertenecía como los peces pertenecen al océano.

En efecto, los inicios de su vida de exiliado fueron dramáticos. Para Miłosz, aquél fue un período de crisis existencial aguda, unos años de soledad extrema en los que todo el mundo parecía rechazarlo: los comunistas, porque los había traicionado, «había elegido la libertad», como solía decirse por aquel entonces, y los emigrantes polacos, por sospechar que era un «agente» soviético o un espía, dado que, durante algunos años, había formado parte del cuerpo diplomático de la Polonia comunista. Los intelectuales parisinos lo miraban de reojo, porque no compartían su entusiasmo por Stalin y, para los anticomunistas occidentales, era demasiado de izquierdas y, por ende, poco de fiar—el capitalismo no le gustó nunca—. Ni Francia ni Occidente eran su hogar ideológico, si no contamos al puñado de polacos ilustrados del círculo de *Kultura*, la revista mensual de la emigración parisina (Jerzy Giedroyc, Józef Czapski, Konstanty Jeleński, Gustaw Herling-Grudziński). Uno de sus pocos amigos franceses de la época parisina, o tal vez mejor dicho uno de sus pocos aliados, fue Albert Camus, con quien compartía además la admiración por el pensamiento de Simone Weil.

Sólo cuando residía ya en California (en 1960) como brillante profesor de la Universidad de Berkeley muy valorado por los estudiantes, su situación empezó a mejorar: allí tenía mejores condiciones de trabajo y una seguridad económica, y pudo descubrir la belleza del paisaje californiano e interesarse por los problemas de Estados Unidos, su historia, su actualidad y su literatura. Sin embargo, no era feliz—la categoría de «felicidad» no pegaba con él en absoluto, Miłosz no tenía tiempo ni temperamento para estar pendiente de sus estados de ánimo—. Por añadidura, lo irritaban muchas cosas de Estados Unidos y especialmente conviene recordar que, durante el período anterior a octubre de 1980, es decir, hasta el momento del todo inesperado en el que fue galardonado con el Premio Nobel, vivía convencido de que nadie se acordaba de él, de que nadie lo conocía ni leía sus obras—«tengo cinco lectores», solía decir—. Y eso que—¡muy pocos lo tienen presente!—, cuando había hecho sus pinitos como poeta en Polonia, ya había saboreado las mieles de la fama y la admiración: en la Varsovia de antes de la guerra, estaba envuelto en la luminosa y merecidísima aura de genio joven. Y, enseguida después de la guerra, se había convertido en uno de los autores más apreciados y venerados: sus poemas ayudaron a la gente a sobrellevar los años más difíciles del estalinismo.

El exilio le robó todo esto y le robó también el eco de su voz. Durante los más de treinta años que vivió en California, donde nueve mil cuatrocientos kilómetros lo separaban de Varsovia, estuvo a un paso de convertirse en el típico hombre de letras amargado, ese personaje que conoce tan bien quien ha frecuentado los círculos literarios de cualquier país y que es tan característico como el *miles gloriosus*, el soldado fanfarrón de la comedia de Plauto. Pero siempre lo salvó el trabajo creativo, las horas pasadas junto al escritorio de su pequeña aunque hermosa casa de Grizzly Peak Boulevard, una calle situada en lo más alto de Berkeley. Lo salvaron los momentos de éxtasis, en los que nacían bajo sus dedos las líneas de los nuevos poemas. La alegría de estos instantes derretía la amargura...

Es muy probable que nunca lo hubiese considerado una posibilidad real, pero la caída del comunismo hizo que pudiese volver a instalarse en su país. Eligió Cracovia, aunque podría haber elegido Varsovia, Gdańsk o Poznań. En cambio, Vilna, la ciudad de su juventud estudiantil y poética, se había convertido desde hacía tiempo en la capital de Lituania, primero una Lituania soviética y luego independiente. Para Miłosz, Cracovia era la ciudad que más se parecía a Vilna. Aquí también hay iglesias barrocas—sentía debilidad por el barroco—y estrechos callejones medievales. Aquí vivían también algunos de sus amigos incondicionales que no habían interrumpido el contacto con él durante todos aquellos años. Su regreso a Polonia después de tanto tiempo fue una sorpresa. Su biografía parecía haber sido diseñada para ser una tragedia y, de pronto, va y se produce una especie de *happy end*; la película de Bergman tenía un desenlace hollywoodense. La imagen del Miłosz anciano que camina por el casco antiguo de Cracovia entre los saludos de los transeúntes era insólita y diríase que edificante. Sin embargo, la sombra trágica no se deja engañar fácilmente: la muerte prematura de su segunda mujer,

Carol, una generación más joven, volvió a empujar su vida hacia el lado oscuro.

Quería entender. Otros poetas, incluso los más grandes, se limitan a expresarse poéticamente mediante metáforas, símiles y aposiopesis, dando la espalda al enunciado directo. Miłosz tenía algo de guerrero y, por un lado, se servía en la poesía de aposiopesis, lítotes y metonimias, es decir, del arsenal clásico y modernista de recursos lingüísticos, pero, por el otro, necesitaba el martillo de la hipérbole y la enunciación nítida y tajante de los publicistas, como si no acabara de confiar en la capacidad del lector para captar las sutilezas de un poema. O bien, como si considerara que, en los tiempos tan brutales en los que le había tocado vivir y pensar, no era lícito limitarse al elegante arte de escribir poesía, sino que había que jugarse el todo por el todo, levantar la voz y lanzar coces. O—es una tercera posibilidad—como si primero tuviera que convencerse a sí mismo, lo cual es lo más difícil y requiere una voz airada. En esto, a veces se parece a Brecht, aunque estoy seguro de que protestaría vehementemente ante esta comparación: la confianza sin límites que Brecht tenía en el marxismo y su vinculación estrecha y prolongada con el partido comunista le resultaban del todo ajenas. Es cierto que, durante un período largo, estuvo vivamente interesado en el marxismo, pero luego dedicó muchos años a librarse de aquella fascinación, y este furibundo proceso de abandono fue uno de los motores más potentes de su obra creativa.

La biografía intelectual de Miłosz pone de manifiesto qué es o qué puede ser el desarrollo artístico de un gran poeta a quien le tocó vivir en la centuria de las ideologías enfrentadas en un combate sin tregua. Hay poetas que muestran una aristocrática indiferencia frente a estas batallas y se limitan a recorrer la senda de su talento, una senda que parece transcurrir por un barranco profundo. Miłosz sentía demasiada pasión por el mundo para ignorar los debates ideológicos de su época: él caminaba más bien por la arista de la montaña y el mundo penetraba en su manera de pensar y en sus poemas, trayendo consigo los ecos de los conflictos y las luchas de ideas. Sin embargo, no cabe duda de que, finalmente, fue la buena salud espiritual, un factor inherente a su naturaleza, lo que le ayudó a superar las tentaciones ideológicas. Miłosz es un ejemplo del poeta que, a fuerza de trabajar arduamente durante largos años, de forcejear consigo mismo y de sufrir, logra vencer la tentación ideológica de creer en «una sola verdad». Además, en vez de empobrecerla, esta lucha contra la ideología le hizo un inmenso favor a su poesía, y esto es algo excepcional.

En los años ochenta, el espantajo hegeliano-marxista todavía hacía acto de presencia en su poesía, pero ya sólo como lo que era: un fantasma. En la «Clase IV», del ciclo «Seis clases en verso», cuya protagonista es la señorita Jadwiga, una bibliotecaria jorobada que murió bajo los escombros de un edificio de Varsovia, leemos:

> El auténtico enemigo del hombre es la generalización.
> El auténtico enemigo del hombre, la llamada Historia,
> Flirtea y aterra con su nombre plural.
> No la creáis. Es maliciosa y traidora,
> No es anti-Natura, como nos enseñó Marx,
> Y si es una diosa, entonces del hado ciego.
> El pequeño esqueleto de la señorita Jadwiga, el lugar
> Donde latía su corazón. Tan sólo esto es lo que ofrezco
> En contra de la necesidad, de la ley, de la teoría.[1]

[1] Traducción de Xavier Farré.

Un filósofo diría que el rechazo a la generalización es también una generalización, pero no vamos a ser tan quisquillosos.

Al mismo tiempo, no podemos olvidar que siempre, desde los años mozos hasta la vejez, en la poesía de Miłosz existió una corriente central, donde las polémicas brillan por su ausencia, como si, en su fuero interno, en algún lugar de su taller de escritor, brotara el manantial de una poesía no contaminada por las flaquezas del siglo XX, una poesía pura como en «Nubes», un poema breve escrito muy temprano, en 1935, todavía en Vilna, por un poeta de apenas veinticuatro años:

> Nubes, terribles nubes mías,
> cómo late el corazón, qué pesar, qué tristeza de la tierra,
> nubes, nubes blancas y silenciosas,
> os miro al alba con los ojos llenos de lágrimas
> y sé que en mí la soberbia, el deseo
> y la crueldad, y la semilla del desprecio
> trenzan el lecho para un sueño muerto,
> y que los más bellos colores de mi engaño
> taparon la verdad. Y al bajar la vista
> siento ráfagas de un viento ardiente, seco,
> que me atraviesa. ¡Oh, qué terribles sois,
> guardianes del mundo, nubes! Que el sueño
> se apodere de mí, que la noche compasiva me arrope.[1]

Pero, si leemos con atención este hermoso poema, descubriremos en él una especie de apología extática del «centro puro» de la poesía, cosa que, a despecho de lo que acabo de decir más arriba, no está libre de polémica. Sin embargo, esta vez se trata de una polémica muy peculiar, se trata

[1] Traducción de Xavier Farré.

de la defensa de la pureza, la lucha dramática por conservar una honradez poética elemental. Aquí, las nubes blancas, impolutas, son «guardianes del mundo». El engaño recurre a «los más bellos colores», pero las severas nubes blancas velan por la verdad. La lengua polaca dispone de dos términos para «nube»: *chmura* y *obłok*. Una *chmura* puede ser negra, sucia, amenazadora y anunciar tormenta, mientras que un *obłok* será siempre inocente, blanco y delicado.[1]

¿Cómo leer, pues, la poesía de Miłosz que, incluso en el caso de poemas seleccionados para formar parte de una antología, puede presentar—por lo menos al principio—dificultades al lector, a causa de lo que los franceses llaman *embarras de richesses*, dado que, incluso en selecciones relativamente breves, encontraremos poemas que parecen escritos para distintas voces, poemas que contemplan el mundo desde distintos ángulos y se enzarzan en disputas ideológicas?

Creo que podemos dar este consejo a quienes tengan entre sus manos por primera vez un volumen de poesías de Miłosz: proceded como lo hacemos todos cuando leemos a poetas que murieron jóvenes. En estos casos, nuestra imaginación intenta extrapolar el legado del joven poeta, intentamos reconstruir lo que nunca llegó a existir, crearnos la imagen de una madurez completa que el autor no alcanzó jamás. Pues bien, en el caso de un poeta longevo de obra dilatada, podemos proceder justo a la inversa: partiendo de lo acabado y consumado, de la sabiduría y la madurez, podemos lanzarnos en busca de los momentos de crisis, de incertidumbre, de duda, de los temblores de voz. En un poeta joven, buscamos al poeta viejo. Busquemos, pues, al joven en el viejo. Porque la obra de Miłosz es mayestática

[1] En el poema, Miłosz utiliza la palabra *obłok*.

sólo en apariencia. O, dicho de otra manera: impone, eso sí, y es magnífica, pero su majestuosidad está construida con átomos de inquietud, de pesquisa, de hesitación, pero también de arrobo. Miłosz es un poeta que busca, pregunta y duda de acuerdo con el conocido aforismo de Pascal: «Negar, creer y dudar bien son al hombre lo que el correr al caballo». Y ni siquiera en la vejez avanzada, por ejemplo, en el extraordinario poema «Orfeo y Eurídice», oculta su desesperación. ¿Qué puede hacer la madurez contra la desesperación? Entre los poemas tardíos de Miłosz, hay algunos que están llenos de serenidad de espíritu y sentido del humor, otros que apelan al «otro espacio» (éste es el título del último libro que publicó en vida), un espacio transcendental, pero también hay unos cuantos que podría haber escrito un poeta muy joven y próximo a la autodestrucción.

¿Significa esto que, en el Miłosz anciano, no deberíamos buscar sabiduría, sino duda e incertidumbre? No querría que se me interpretara de este modo: busquemos lo uno y lo otro. La substancia poética engloba las dos cosas. Los que viven mucho tiempo y trabajan porfiadamente durante toda la vida no pierden nunca, ni siquiera en los últimos años, el contacto con su juventud sombría, apasionada e insegura de sí misma. En cambio, los que se marchan temprano son capaces en determinados momentos de adivinar cuál será su complexión en la vejez, la vejez que nunca llegarán a conocer. O sea que la diferencia tal vez no sea muy grande...

EL POZO DE LA HISTORIA

Recuperar el pasado: he aquí el sueño que subyace en la poesía de Cavafis y también, aunque más tarde, en el extrañísimo, ambicioso y fallido proyecto de Ezra Pound de reconstruir todas las culturas del mundo, o—de manera distinta, pero con la misma fuerza, triunfalmente—en el ciclo de novelas de Marcel Proust, o todavía de otra manera en los ensayos de Walter Benjamin. Recuperar lo irrecuperable, el deseo de salvar el rico acervo de la historia, que no sólo está formado por batallas grandes, victorias épicas y derrotas humillantes, sino, y en primerísimo lugar, por millones de seres humanos, gestos, amores, tristezas, encuentros y adioses, y por las obras de arte que han sido sus fieles compañeras. Recuperar el pasado, dado que el presente es mísero y el futuro sólo existe para los fanáticos de alguna de las ideologías.

Es como si, deslumbrados por el invento de la fotografía, los modernistas europeos hubiesen querido hacer retroceder hasta el pasado a las técnicas fotográficas para así documentar la historia del hombre desde el lado de la intimidad, la inteligencia (Pound) y las costumbres, aunque no con la mirada fría de los etnólogos, sino al modo de los poetas, con una mezcla de ternura e ironía. En eso, Czesław Miłosz y su postulado que conocemos bajo el término erudito de «apocatástasis» (la salvación de todos y de todo lo que jamás haya existido) representa una actitud parecida, si bien diferente en parte; un postulado irrealizable, muy vivo entre los modernistas, tal vez como respuesta a la veloz evolución de las sociedades europeas que le vuelven la espalda de buena gana al mundo de ayer. Zbigniew Herbert, tan interesado por el vivísimo pasado de la cultura mediterránea, también forma parte del exclusivo club de salvadores del mundo antiguo.

Salvar lo que hubo: ¡he aquí un programa magnífico que no tiene por qué servir para blanquear o idealizar tiempos remotos, sino que es hijo del deseo de retener la deslumbrante riqueza de la diversidad humana! Un deseo utópico sin el cual la gran literatura no existiría. Y Cavafis es precisamente uno de ellos, uno de esos salvadores de lo extinguido. Y no uno cualquiera, ya que estaba preparado para esta tarea mejor que nadie, era un verdadero experto en historia antigua, y vivía parcialmente sumergido en ella, del mismo modo que su ciudad, Alejandría, todavía tenía un pie en el pasado: todavía moraban en la Antigüedad sus callejuelas y callejones, las sombras de algunas de sus casas, algún que otro grito en la medianoche y las siluetas de algunos transeúntes. Podemos intuir que los paseos nocturnos de Cavafis, aquellas cacerías mitad eróticas y mitad melancólicas, eran también la búsqueda de los últimos ecos de la Antigüedad que estaban a punto de extinguirse. A veces, aparecía un dios, como en el hermoso poema «Jónico»; Cavafis no es un poeta religioso, pero, en algunas de sus obras, encontramos las huellas de una iluminación. Y así, de paso, el lector se queda con la sensación de que la iluminación religiosa es una compañera fiel de la historia de los griegos: un poco como ocurre en el judaísmo, los dioses no se dirigen a los hablantes de distintas lenguas que habitan en distintos países, sino que se han prendado de una nación concreta. Pongamos como ejemplo el poema «En la iglesia» del año 1912:

Cuando entro en la iglesia de los griegos [...]
mi pensamiento va a los grandes honores de nuestra raza,
a nuestra gloriosa Bizantinidad.[1]

Resulta difícil resistirse a la sensación de que, en este caso, no es la religión lo que mueve al poeta, sino un patriotismo que se extiende a todas las etapas de la historia griega.

Los poemas de Cavafis me hacen compañía desde hace muchos años y, cada vez que los releo, me desconcierta su riqueza, a la par que me asombra su singularidad. En cierto sentido, Cavafis fue un poeta renegado, un disidente poético, porque, en él, los valores intelectuales o épico-intelectuales, es decir, racionales, tenían prioridad sobre el impulso puramente lírico. Los versos más logrados de Cavafis son piezas narrativas más o menos elaboradas que esconden la perla del momento lírico. Los poetas del lirismo puro (¿acaso existen?) tienen sucesores, empujan a otros a escribir, a emular sus obras, contribuyendo así a prolongar el desfile de la poesía, el mismo séquito poético que, tiempo atrás, partió—¡cómo no!—de Grecia, un poco al estilo del cortejo de Dioniso o, en el caso de nuestro poeta, más bien de Apolo. Sin embargo, Cavafis no puede tener discípulos. Podemos y debemos admirarlo, pero un modelo poético tan insólito e individual no es capaz de inspirar a otros poetas, al menos no en el sentido de animarlos a seguir el mismo camino. Este camino acaba en Cavafis.

Difícilmente podríamos encontrar otro autor que cante con la misma mezcla de ternura e ironía la historia de su comunidad—una nación pequeña en número, aunque importantísima para nuestra identidad—y la historia de una gran lengua, sin dejar de ser ni por un momento un poe-

[1] Traducción de Miguel Castillo Didier.

ta de alcance universal—si pudo serlo es también porque, durante mucho tiempo, aquella nación pequeña fue depositaria, cuando no inventora, de todo lo universal—. ¡Qué estupendo es ser griego, aunque esta magnífica dimensión universal requiera hoy en día un enfoque arqueológico! El dilema de los poetas griegos contemporáneos reside en el hecho de que son herederos de un gran tesoro—cosa que sólo les podemos envidiar—, pero este tesoro se hundió en las aguas del pasado remoto y, para encontrarlo una y otra vez en el cambiante fondo marino esculpido por corrientes invisibles, hay que ser un buzo de lo más experto.

No faltan en Europa poetas que recurren a temas de naturaleza histórica. Nosotros también tenemos un buen puñado, especialmente entre los que pertenecen a la tradición romántica—cosa que Cavafis seguramente ignoraba por completo—. Sólo que los poetas griegos parten de un punto muy distinto al de los poetas de otras naciones y otras lenguas. En la generación siguiente, Yorgos Seferis expresaría el dilema de la poesía neogriega de una manera muy clara: ¿cómo regresar al pasado magnífico y lejano, pero no al modo de los anticuarios, no como lo haría un estudioso cargado de espaldas, sino, por así decirlo, al estilo de los jóvenes, con entusiasmo, no desde una biblioteca, sino navegando en kayak por un golfo marítimo (como ocurre en «El rey de Asine»)?

Cavafis tuvo que afrontar este reto e inventó una manera del todo nueva de escribir sobre la historia. Pero todo él era diferente. Seferis lo vio con claridad cuando confesó en algún momento que aceptar la obra del poeta alejandrino y considerarlo un maestro le había costado Dios y ayuda. Y creo que eso le ocurrió no porque no apreciara su grandeza, sino por la perplejidad que le producía la «épica novelesca» de muchos de los poemas del maestro de Alejandría.

Cavafis fue hasta cierto punto un disidente de la poesía, aunque al mismo tiempo podemos intuir que deseaba ser igual que los otros poetas de la corriente lírica imperante—o, lo que es lo mismo, deseaba hablar con franqueza—y que, de vez en cuando, incluso lo conseguía en alguno de los poemas que tienen el carácter de una confesión. Sin embargo, por regla general no son lo mejor de su obra. El discurso directo no era su fuerte, necesitaba la distancia, la mediación, la anécdota e incluso la ironía cálida (y esto no es necesariamente un oxímoron).

Sabemos a ciencia cierta—es algo bien documentado—que leía con atención a poetas franceses e ingleses algo mayores que él. Y también sabemos que, en sus años mozos, intentó escribir poemas en inglés, una lengua que dominaba a la perfección.

El joven Cavafis se hallaba en una situación paradójica: por un lado, era el heredero tardío de una gran tradición y de una lengua clásica y, por el otro, vivía en una ciudad provinciana, lejos de los centros europeos, una ciudad que había sufrido muchas vicisitudes. ¡Recuerdo haber leído con asombro que Alejandría, a la que, en la Antigüedad, sólo aventajaba Roma en cuanto a dimensiones e importancia, en julio de 1798, el momento en que Napoleón Bonaparte desembarcó en ella al mando de un cuerpo expedicionario, ya no era más que un pueblucho de pescadores! Cien años más tarde, volvía a ser una urbe de tamaño considerable, pero Cavafis se encontraba en la típica y bien conocida situación del provinciano que espera con ansia cada mes las revistas y las noticias literarias que llegan desde París o desde Londres.

Si nos fijamos en los poetas que leía el joven Cavafis (recordemos que había nacido en 1863), además de Robert Browning—a quien sabemos que estudió a fondo—, sin duda encontraremos, entre los autores nacidos antes que él y después de Browning (1812), a Verlaine (1844) y a Oscar Wilde (1854). Estos dos nombres indican una determinada tendencia estética, es decir, como lo llaman los británicos, el *decadent movement*, el decadentismo, cuyos protagonistas fueron estos dos poetas de lengua francesa e inglesa, respectivamente.

Probablemente, los renglones más célebres escritos por un decadentista sean los que dan comienzo a «Langueur», el poema de Verlaine:

> *Je suis l'Empire à la fin de la décadence,*
> *Qui regarde passer les grands Barbares blancs*
> *En composant des acrostiches indolents*
> *D'un style d'or où la langueur du soleil danse.*

En una traducción algo anticuada, este fragmento dice así:

> Soy el Imperio cuando la decadencia expira
> y a los bárbaros rubios, fornidos, llegar mira,
> mientras en áureo estilo compone un indolente
> acróstico, en que tiembla, lánguido, el sol poniente».[1]

Estarán ustedes de acuerdo conmigo en cuán atractiva resulta la imagen de Cavafis leyendo con las mejillas encendidas a los poetas europeos decadentistas y constatando: «¡Pero si yo tengo más material que vosotros, poetas parisinos y londinenses, con todos esos imperios vuestros de nuevo cuño, con vuestras melancolías y vuestros caprichos! El declive es dominio mío, no vuestro, os arrebataré el tema, tengo más que decir al respecto».

[1] Traducción de Enrique Díaz Canedo.

De ser así, resultaría que aquello que, para los poetas de las metrópolis europeas, era en parte un juego intelectual y en parte una pose y que en Francia se debió a la melancolía causada por la derrota en la guerra contra Prusia, un sentimiento que saturó durante varios decenios el clima intelectual de París, se convirtió para aquel habitante de Alejandría en la llave que le dio acceso a un material histórico ubérrimo y a innumerables dramas humanos. Cuando a Verlaine le daba por padecer esplín, encaraba su melancolía con el destino de un imperio hipotético hueco por dentro y amenazado por los bárbaros (una lectura política de este poema tendría que buscar referencias a la Francia amenazada por la Alemania de Bismarck). Sin embargo, la antigua Alejandría despertaba en Cavafis, un modesto funcionario del Ministerio de Obras Públicas, asociaciones diferentes que el París de Verlaine, «la capital del siglo XIX», y acabó llevándolo hasta lo que tal vez sea su logro más célebre: «Esperando a los bárbaros», un poema cuyos ecos y paráfrasis encontramos en muchas obras literarias, en novelas y versos.

Vale la pena notar que lo que, para los decadentistas y simbolistas, se perdía entre la niebla de los sobreentendidos poéticos—sólo los vigorosos acmeístas rusos o los imagistas estadounidenses le devolverían a la poesía la pujanza de lo tangible—para Cavafis se teñía enseguida de concreto. Por ejemplo: en el poema «El cortejo de Dioniso», el escultor Damon se pregunta por la recompensa que recibirá del rey de Siracusa. «Tres talentos, buena suma». Por fin podrá vivir como una persona acomodada... Y, cosa interesante, percibimos que Cavafis no condena al escultor por ser un hombre venal, un currante a sueldo, sino que parece entender que expectativas y motivos distintos y a veces contradictorios, algunos superiores y otros inferiores, conforman la psique de los artistas. Algo semejante ocurre en el poema «Darío» que Miłosz analizó en *El testimonio de la poesía.* El poeta Fernaces está contrariado por el avance de las tropas romanas, acaba de recibir la noticia de la invasión y eso lo aparta del trabajo poético e incluso se lo hace olvidar por un instante. Al poco rato, sin embargo, el tema de la oda que estaba escribiendo vuelve a su cabeza, la inspiración regresa, y Fernaces se reafirma diciendo que sí, que «arrogancia y embriaguez de poder debió sentir Darío», que esto está bien dicho y que al cuerno con los romanos. En Cavafis, hay lo uno y lo otro, está lo superior, pero también lo inferior, hay temor, conformismo y pequeñez, pero también un don poético que está unido químicamente a todo eso y se muestra interesado y desinteresado a un tiempo.

Imaginemos a Cavafis que, tal vez sentado en un banco de los alrededores del famoso puerto antiguo de Alejandría, está leyendo los renglones del poema de Verlaine sobre el imperio «al fin de la decadencia» cuando, de pronto, en un instante de iluminación poética, ve y comprende que éste es su tema, que nunca nadie mejor que él podrá llenar con materia humana, con materia viva, el soneto de Verlaine, y que se abre delante de él el magnífico y profundo pozo de la historia, un pozo por el que basta con deslizarse cautelosamente para ver la antigua Alejandría, para encontrar a sus habitantes, rozarse con Antonio y Cleopatra y contemplar el viejo mundo helenístico, todas aquellas urbes y aquellos reinos que fueron creados después de la marcha victoriosa de Alejandro Magno y que, finiquitada ya su época de gloria, están cayendo sin remedio en la ruina, en una decadencia auténtica, no sólo literaria, y que tarde o temprano serán pasto de los romanos, los prusianos de la Antigüedad.

Ver un pasado vivo, no reducido a fórmulas historiográficas, a lacónicas constataciones de los libros de historia. Ver ciudades y reinos, pero también ver a gente, sobre todo a gente, a los antiguos cristianos, con una fe ya debilitada por haberse mezclado con el escepticismo helénico, y a los últimos paganos, que se consideran a sí mismos mucho más refinados que aquéllos; ver a aristócratas viejos y a poetas jóvenes, a cortesanos gomosos y a soldados garrulos; describir a los avispados conformistas que sólo consiguen sobrevivir gracias al mimetismo y a las pequeñas artimañas. A pesar de todo, Cavafis no censura siquiera a aquellos listillos no especialmente simpáticos y, sobre sus actos, se eleva un aura de perdón, un perdón no necesariamente cristiano.

Ver al emperador Juliano el Apóstata que odiaba el cristianismo y deseaba el retorno de los dioses antiguos, pero que, al no haber leído a Hegel—no pudo leerlo—, no sabía que no hay regreso posible a lo que ha sido superado, y se convirtió en el hazmerreír de los griegos, los individualistas habitantes de Antioquía que ya no se tomaban nada muy en serio; ver a este mismo Juliano, que sucumbió casi al principio de su gobierno durante una expedición fallida contra los persas y no dejó en herencia más que el recuerdo, convirtiéndose en un marcapáginas del grueso tomo de la historia griega y romana y en el héroe de todos cuantos miran la cristiandad con escepticismo. Bajar a aquel pozo vivificador y contemplar a los griegos de la época helenística—ésos eran sus héroes, los que le interesaban de verdad, mucho más que los atenienses de la edad de oro—y describir la belleza de sus derrotas. Cavafis es, en gran medida, el poeta de la derrota, pero una derrota elegante y llena de dignidad, casi gloriosa, marcada por la indiferencia estoica y el atractivo estético; es el poeta de los vencidos que no tuvieron la culpa de ser derrotados, de unos perdedores más sabios y refinados que sus invasores, de los hablantes de la archilengua, el griego, que de resultas de las conquistas del gran Alejandro se convirtió en lengua universal, la *koiné*. Es el poeta de la derrota y la decadencia, pero no del lamento: evita quejarse. En esto se manifiesta su astucia, la astucia griega que tan bien conocemos de la *Odisea*. Convertir la derrota en triunfo no es poca cosa.

Es el poeta de los vencidos que aventajan a los vencedores, como ocurre en uno de los poemas más destacados de Cavafis, «El dios abandona a Antonio» (aunque, en este caso, no se trata de un griego, sino de un romano). Porque los griegos derrotados en el campo de batalla salían victoriosos en otro campo—no en vano los romanos cultivados escribían en griego a menudo y Marco Aurelio redactó sus inmortales *Meditaciones* en la lengua de Heródoto—. Los griegos perdieron, la guerra fratricida del Peloponeso los dejó arruinados, la importancia política de sus urbes quedó reducida a la nada, las calles de sus asentamientos se poblaron de hierba, sus templos quedaron vacíos, pero los hijos de las familias pudientes de Roma tenían que terminar los estudios en Atenas si no querían ser tachados de bárbaros.

La poesía de Cavafis es un gran himno a la civilización, un himno en honor de ese don extraordinario que es el de la lengua, la imaginación, la metáfora, la inteligencia, la ironía y la compasión, un don incapaz de anular la muerte y la derrota, pero capaz de dotarlas de dignidad, y de otorgar perennidad a la existencia humana, suponiendo que haya un Homero o un Píndaro que sepa relatarla. O un Cavafis.

Los vencidos suelen considerarse moral y culturalmente superiores a sus vencedores, se sienten mejores. Por lo visto, los humanos no sabemos perder, perder es algo que no está escrito en nuestros genes y sencillamente no sabemos aceptar la derrota, encajarla, darle nombre y superarla, sino que la atribuimos a los tejemanejes, los complots y la vileza de los que nos han derrotado. Y nosotros, por el contrario, nos atribuimos una victoria de naturaleza moral, filosófica o religiosa, con tal de que sea invisible. El historiador alemán Wolfgang Schivelbusch dedicó a este fenómeno un estudio muy original (*Die Kultur der Niederlage* o, en una traducción inglesa, *The Culture of Defeat*). Contiene tres capítulos: uno sobre la derrota de los Estados confederados del Sur en la guerra civil contra el Norte, otro sobre el desastre que Francia sufrió en la guerra contra Prusia en 1870 y, el más largo de los tres, sobre la capitulación de la Alemania guillermina en la Primera Guerra Mundial. Se trata de un trabajo excelente que muestra la magnitud de la inventiva psicológica de las sociedades derrotadas, y enseña cómo éstas suelen mirar a los vencedores por encima del hombro y cómo logran convencerse de que, en el fondo, eran ellas quienes merecían la victoria. Sólo falta un capítulo que trate sobre nuestro país, la Polonia de la época de las particiones que, representada por sus poetas y pensadores, aunque también por sus ciudadanos comunes, despreciaba a los invasores y se atribuía extraordinarios méritos metafísicos, así como misiones y tareas descomunales que en algunos casos adquirían dimensiones mesiánicas.

¡Alguien podría argumentar que Cavafis ya vivía en una Grecia renacida, independiente! Esto es cierto, pero era un país débil, azotado por la pobreza, la corrupción y una burocracia ineficiente, así como por los contratiempos militares de la guerra de 1897 contra Turquía y de otra guerra muy trágica, también contra Turquía—aunque esta vez no una Turquía otomana—que había tenido lugar entre 1919 y 1922 y había acabado con la derrota del bando griego, seguida de pogromos contra los griegos que vivían en Asia Menor y con su deportación en masa a la Grecia continental, es decir, con una limpieza étnica. La Grecia renacida no era más que una sombra de la antigua Hélade. Y Cavafis, en su Alejandría que, por aquel entonces, formaba parte del Egipto controlado por los británicos, observaba los trágicos acontecimientos desde lejos, aunque no por ello con menos desesperación.

Además—y esto es más importante—, Cavafis no contemplaba la larga historia de los griegos a través de los manuales oficiales de la escuela ni desde la posición del gobierno griego, sino que la calibraba con su propia vida, con su derrota personal y su melancolía. La melancolía es algo totalmente privado y puede ser una buena medida de las cosas.

Hace tiempo que me pregunto por qué en la obra de Cavafis, que en cierta manera invierte la mayor parte de su extraordinaria energía poética en el embellecimiento de la caída lenta de Grecia y la convierte en algo íntimo, no encontramos ni un solo verso—literalmente ni uno solo, a no ser que me haya pasado por alto alguno—que haga referencia a los casi cuatrocientos años de ocupación de la Grecia continental y las islas helénicas por parte de los turcos otomanos. Durante un lapso de casi cuatrocientos años contando desde la toma de Constantinopla y la caída del Imperio bizantino—a las que Cavafis dedicó bastante atención—, Grecia, el majestuoso país de Pericles y Platón, fue obligada a desempeñar el papel de mísera provincia turca dejada de la mano de Dios y aislada de Europa, de su genio, sus invenciones y sus descubrimientos, un papel de provincia muda e impotente. Bajo el gobierno turco, Atenas se convirtió en un pueblucho mugriento donde los fragmentos de los frisos del Partenón se pudrían entre el fango—lord Elgin salvó una parte—. Al parecer, la humillación de aquellos cuatro siglos había sido demasiado profunda y dolorosa para que Cavafis pudiera convertirla en material poético.

Su elegante pluma no quiso mancillarse con un tema tan vulgar. En cambio, los romanos que habían conquistado tiempo atrás las urbes y los reinos helenísticos eran harina de otro costal: al fin y al cabo, eran gente cultivada, conocedora de la gran tradición griega.

Además—y esto es un verdadero misterio—, Grecia, que había enseñado a los bisnietos de la tradición occidental lo que pueden ser la poesía y la filosofía, que las había creado y definido para nosotros, enmudeció casi por completo bajo la ocupación turca. En la práctica, la literatura griega entró en un estado de coma profundo del que no despertaría hasta el momento en que recuperó la libertad en la primera mitad del siglo XIX (extrañamente, en Polonia, un país culturalmente mucho más joven, la pérdida de la independencia tuvo el efecto contrario: condujo al florecimiento de la poesía y de la imaginación).

Pero a la nueva Grecia resucitada tampoco le faltaron problemas graves: el prolongado silencio de la alta literatura puso en tela de juicio el modelo de lengua que debían utilizar los poetas, escritores y periodistas neogriegos. Podían elegir entre el griego anticuado, hierático, litúrgico y académico definido como «puro» (*katharévousa*), y la lengua coloquial, viva, demótica, cuya gramática se había simplificado a lo largo de los siglos y había absorbido muchos vocablos turcos—un escándalo inadmisible, según los puristas—. Pero aquélla era la triste realidad. La controversia entre los partidarios de las dos opciones duró cien años y seguía sorprendentemente viva en los tiempos de Cavafis. La solución intermedia consistía en una síntesis de ambas lenguas en distintas proporciones; uno de los que la practicaban era nuestro autor.

Ahora bien, volvamos a la cuestión fundamental: el tema de las principales corrientes de pensamiento en la obra de

Cavafis y la reconstrucción del mundo antiguo. Recuperar el pasado es, sin duda, una pretensión noble, aunque resulta algo peligrosa, porque el pasado puede engullirnos como una ciénaga. Hay que librarse del pasado. Las operaciones mentales construidas sobre las grandes cadenas montañosas del ayer involucran a todo nuestro ser y nos llevan a plantearnos la pregunta de quiénes somos, de si somos libres o si tal vez nuestra vida ya estaba escrita y determinada hace dos milenios. Otra cosa muy distinta es el historiador que investiga una época remota: cuanto mejor la conozca y cuanto más inteligente se muestre a la hora de utilizar los atajos mentales sin los que la historia no existiría como una de las disciplinas de las humanidades, tanto más libre será como persona (aunque también puede pagar un precio por ello). En cambio, la poesía no se limita a investigar, a averiguar, como lo hace la historia académica, sino que propone una *performance*, una acción, una especie de «danza», en el curso de la cual brinda modelos de vida al autor y al lector. Y la *performance* del poeta cuaja en forma de poema, o sea que, si le preguntáis a un poeta con qué sueña, os contestará: con escribir otro poema, con renovar el modelo.

La tarea que emprendió el poeta de Alejandría era intrínsecamente contradictoria. Uno podría especular sobre si los poemas de carácter homoerótico, de un tono muy distinto de los demás, precisamente le servían para librarse del macizo lastre de la historia. Sólo que—al menos en opinión de quien escribe estas palabras—esos poemas homoeróticos son mucho más flojos desde el punto de vista artístico y caen a menudo en un sentimentalismo explícito hasta el punto de no estar a la altura del rango poético del autor. ¿Podían, pues, cumplir esa función? ¿O acaso su ingenuidad tenía que servir para «rejuvenecer» tanto al autor como al lector? O quizá lo que utilizaba Cavafis para liberarse, para escapar de la fascinante prisión de la historia, no eran los poemas eróticos, sino los históricos, que constituyen la base más sólida de su obra; o, para ser exactos, los numerosos elementos de ironía subversiva, los interrogantes también subversivos, o la alteración de significados que abundan en esos poemas. Personalmente, me inclinaría hacia eso último. Aunque tal vez lo más importante sean los momentos líricos que he mencionado antes. Tan difíciles de definir, son el arma más antigua de los poetas. En sus poemas históricos, Cavafis parece estar jugando a las damas con la historia. La conoce al dedillo, lo bastante para correr el riesgo de hacer movimientos ante los cuales retrocederían los historiadores profesionales, siempre maniatados por las reglas académicas. Es libre. No puede cambiar el transcurso de la historia, no puede otorgar la victoria a los griegos, pero sí puede agriar el sabor del triunfo en la boca de los vencedores.

Cavafis escribió básicamente sobre la derrota, pero salió victorioso como poeta: la bien documentada crónica del paulatino crecimiento de su fama poética, cuyos embajadores fueron al principio escritores y poetas británicos, aunque también Marguerite Yourcenar, es realmente fascinante.

Uno se sentiría tentado de afirmar que lo magnífico y valioso no puede perecer—resulta difícil traer a colación ejemplos de lo contrario, ya que no hay manera de saber nada de ellos—. Pero es incontestable que, cuando Cavafis murió en 1933, sólo un puñado de amigos de Alejandría y Atenas sabía de su existencia. Ignoramos si sus últimos días estuvieron marcados por la amargura. El poeta discreto no perseguía la fama. Y el carácter homoerótico de muchos de sus versos también invitaba a la discreción. El hecho de que, hoy en día, su obra traducida a un sinfín de lenguas esté al alcance de todo el mundo tiene que alegrar los corazones de los amantes del arte poético.

Además, no sólo su obra, sus poemas, alcanzaron fama universal, sino que la figura del poeta irrumpió en la imaginación colectiva. La soledad de Cavafis, sus andanzas nocturnas por las calles de Alejandría, su indiferencia al prestigio poético, su tenacidad y su infinita paciencia en la elaboración de los poemas, el establecimiento de un canon formado por las obras que consideraba aceptables y, finalmente, su muerte, una muerte que acaeció exactamente el día de su septuagésimo cumpleaños, como si hubiera sido planificada por un perfeccionista y un esteta, todo eso forma parte de la leyenda de aquel creador insólito, y acrecienta al mismo tiempo el mito de Alejandría, su ciudad natal. Y tampoco olvido el hecho de que Cavafis se erigiera en el patrón de pleno derecho de los escritores de orientación homosexual.

Son muchos los que peregrinan a Alejandría sólo para ver la casa del poeta en la antigua calle Lepsius. Y diría que, como suele ocurrir en estos casos, se sienten decepcionados. Lo que hallamos en la poesía, en la imaginación, lo que pasa a formar parte de un mito, no puede ser confirmado por la realidad empírica de una ciudad egipcia, una ciudad de cuatro millones de habitantes absolutamente banal en su modernidad.

Sin embargo, nos quedan las ediciones cada vez más numerosas de los poemas de Cavafis en diversas lenguas. La calidad y la fidelidad de estas versiones a menudo está en tela de juicio, pero, a pesar de todo, es evidente que la voz de Cavafis no desaparece en las traducciones. No obstante, lo que realmente importa no son los debates. Una cosa es el recuerdo que nos dejaron los poemas, aunque sea muy exacto, y otra, la impresión que nos causan cuando los releemos, cuando los tenemos delante. Siempre nos sorprenden con algo, siempre vuelven a maravillarnos con su insólita combinación de inteligencia y lirismo.

Uno de los primeros traductores de Cavafis al polaco fue Zygmunt Kubiak. Luego, siguieron las excelentes versiones de Ireneusz Kania y Jacek Hajduk. Me gustaría cerrar este esbozo con el magnífico poema que he mencionado unas líneas antes, «El dios abandona a Antonio» (una composición que incluso ha pasado a formar parte de la cultura popular, por ejemplo, a través de una canción de Leonard Cohen):

> Cuando, de pronto, se deje oír a medianoche
> el paso de una invisible comitiva,
> con músicas sublimes y con voces,
> tu suerte que cede, tus obras
> malogradas, los planes de tu vida
> que acabaron todos en quimeras, será inútil llorarlos.
> Como el que está listo ya hace tiempo, como el valiente,
> despídete de ella, de la Alejandría que se marcha.
> Sobre todo, no te engañes, no digas que fue
> un sueño, ni que se confundieron tus oídos;
> no te rebajes a tan vanas esperanzas.
> Como el que está listo ya hace tiempo, como el valiente,
> como te corresponde por haber merecido tal ciudad,
> quédate firme frente a la ventana
> y escucha con emoción
> —no con las súplicas y las quejas de los cobardes—
> el rumor, cual un último deleite,
> los sublimes instrumentos de la secreta comitiva,
> y despídete de ella, de la Alejandría que pierdes.[1]

[1] Traducción de Juan Manuel Macías.

VIAJE DE INVIERNO

En el segundo tomo de las entrevistas de Osvaldo Ferrari —largas conversaciones, a ratos fascinantes, a ratos algo aburridas, grabadas en los últimos años de vida del autor de *El Sur*—, Jorge Luis Borges cuenta una anécdota que tiene como protagonista a Paul Verlaine. A saber: parece que cuando alguien le preguntó a Verlaine qué opinaba del simbolismo, éste respondió: «¿Simbolismo? Lo siento, no entiendo el alemán».

Sospeché que Borges, autor de tantas mistificaciones literarias de lo más logradas, se había inventado esta historia, pero resultó que no era así, encontré—en Internet, ¡¿dónde si no?!—la transcripción de la respuesta del gran poeta, uno de los principales representantes del simbolismo en la poesía: «*Le symbolisme?... comprends pas... Ça doit être un mot allemand...*» ('¿Simbolismo?... no entiendo... Debe de ser una palabra alemana...').[1]

Esta conversación no sólo es divertida, también es instructiva: muestra el odio que sienten los poetas por toda clase de *ismos*, hasta qué punto viven en lo individual, en lo concreto y palpable, y cuánto aborrecen que se los clasifique y se los encasille...

Sin embargo, no es de Borges ni de Verlaine de quien quiero hablar aquí, sino del recientemente fallecido Stanisław Barańczak, gran amigo nuestro, mío, una bellísima persona y un poeta excelente.[2]

[1] Jules Huret, *Enquête sur l'évolution littéraire*, París, Bibliothèque Charpentier, 1891.

[2] Stanisław Barańczak (1946-2014), poeta, crítico literario y ensa-

Me gustaría revolver en mi memoria en busca de la figura de Staś[1] todavía joven. Sin miedo a equivocarme, puedo afirmar que sucede casi siempre que los poetas jóvenes, los más jóvenes—ese don magnánimo que unas fuerzas desconocidas conceden generación tras generación a nuestras sociedades, por regla general, escasamente dotadas y más proclives a entregarse a los placeres de la cerveza que a los de la ambrosía—forman siempre un grupo nutrido, ruidoso y abigarrado que luego, con el paso del tiempo, mengua y se diluye paulatinamente. Hastiados de la soledad del oficio de escribir y privados de gratificaciones en forma de debuts en prensa, prestigio, el primer libro publicado o la primera crítica, muchos de sus miembros descubren que no faltan ocupaciones mucho más prácticas que la de componer poemas y, cada dos por tres, alguno de ellos (o alguna de ellas) regresa discretamente a la corriente principal de la vida, a una de esas vidas privadas, familiares y profesionales, y decide dedicarse a un oficio serio—cosa que, dicho sea de paso, no tiene nada de censurable—.

Hay tantas deserciones de esta índole a lo largo de años consecutivos que, al final del periplo biológico de cada quinta, los veteranos pueden darse cita en una sola habitación junto a una taza de té o una copa de vino tinto o de vino blanco.

Estas consideraciones filosófico-estadísticas no sirven

---

yista, víctima de la censura por sus actividades en contra del régimen. Cuando en 1981 se instauró la ley marcial en Polonia, emigró a Estados Unidos, donde obtendría la cátedra de lengua y literatura polacas en la Universidad de Harvard. Autor de importantes obras sobre teoría de la traducción y de innumerables traducciones al polaco de autores como Shakespeare, E. E. Cummings, Elizabeth Bishop, Emily Dickinson, John Keats, entre otros.

[1] Diminutivo de Stanisław.

en absoluto en el caso de Staś. Quienquiera cuyo camino se cruzara con el suyo en aquella época—como lector de sus textos tempranos o en persona—se daba cuenta de inmediato—¡no podía no dársela!—de que estaba delante de una persona tan excepcional, tan rebosante de energía, tan extraordinariamente dotada, con tanta determinación y tanta capacidad de trabajo, que la deserción quedaba descartada de antemano, y que, si alguien iba a abandonar la brecha y dejar de escribir, ese alguien no iba a ser él. Y aunque—como leo después de muchos años—el grupo poético Próby,[1] del que formaban parte tanto Barańczak como Krynicki, se opusiera por sistema al «fetichismo del talento y la inspiración, practicado por la así llamada poesía autógena», ahora, pasado tanto tiempo, podríamos olvidar aquella restricción algo doctrinaria y no repudiar del todo estas categorías que han pasado de moda.

¿Cómo era Barańczak de joven? Barbara Toruńczyk logró captar algo a la perfección cuando describió en una audición de Radio Tres su primer encuentro en Lublin, la ciudad donde ella estudiaba: el público que aguardaba con interés la velada poética con un autor joven, aunque ya conocido por su reputación y su aura, se quedó algo perplejo. Porque aquellos eran tiempos de disfraces, y muchos opinaban que la mejor manera de expresar el rechazo al mundo—también el rechazo artístico—era llevar chaqueta de campaña, una melena larguísima, vaqueros debidamente raídos y botas militares. Había personas con poco talento que ponían tanto esmero en componer un atuendo lo bastante elocuente que ya no les quedaba tiempo ni fuerzas para crear un manifiesto artístico que no fuese de carácter sartorial.

[1] Grupo poético de la ciudad de Poznań entre los años 1964 y 1968. En polaco, *próby* significa 'ensayos', 'pruebas'.

El asombro del público de Lublin se debió al hecho de que el poeta, que venía de Poznań, vestía «como un oficinista». Ya no recuerdo si se trataba de un terno completo o de una simple americana—¡y también llevaba corbata, una corbata escandalosamente burguesa!—. Alguien dirá: eso son minucias, ¿a qué viene darles importancia? Sin embargo, estos detalles demuestran algo importante, algo que va mucho más allá de un decorado o una vestimenta y nos informan sobre la naturaleza de las obras literarias de Barańczak. Me refiero a un rechazo contundente y plenamente consciente de cualquier clase de teatralidad o pose, a la búsqueda de lo auténtico, incluso de lo normal y corriente. Y, en un segundo plano, se escondía la convicción (por otra parte, frecuente entre los poetas) de que existe una tensión, casi una contradicción insoluble, entre el enunciado poético que, en cierta manera, de una manera artística y a menudo metafórica, persigue la verdad o la veracidad (aunque lo haga con métodos muy distintos de los que utiliza un enunciado periodístico, filosófico e incluso novelístico), y la expresión teatral, el «ambiente escénico», el mundo de la farándula. Lo cual no significa ni mucho menos que más de un poeta esté dispuesto a acabar reconociendo que los directores de escena y los actores también buscan la verdad a su manera fantasiosa. Al fin y al cabo, no hay que crear una brecha insalvable entre la poesía y el teatro.

Por lo que atañe a la normalidad: recuerdo mis conversaciones con Józef Czapski, quien valoraba mucho la poesía de Barańczak, la leía y la releía a menudo, y en más de una ocasión me dijo: «¡Fíjate, es un poeta que escribe en una lengua normal, como hablaría un habitante de Poznań!».

Así era la atmósfera que rodeaba al Barańczak joven, aunque más tarde tampoco cambiarían mucho las cosas:

trabajo, solidez, ni rastro de nubes místicas al estilo de *The Cloud of Unknowing* ('Nube del desconocimiento'), sino más bien el aire transparente de los deberes concretos, de los proyectos difíciles y a veces arriesgados, como ocurría en los años de las actividades clandestinas, y después, ya sin la amenaza policial, pero todavía con grandes retos, como la preparación de las clases en Cambridge. ¿Bohemia? ¿Extravagancias? ¡Ni hablar!

Sin embargo, si el lector pensara que, visto esto, se trataba de alguien falto de sentido del humor, se equivocaría de medio a medio, porque precisamente uno de los elementos más importantes de aquella solidez, de aquella concreción y aquella antiteatralidad, era un gran sentido del humor basado en la ironía y en la capacidad de observar y detectar inmediatamente cualquier afectación o pretenciosidad.

Y, ahora, algunas instantáneas inmortalizadas a lo largo de los años.

Primero, encuentros del todo privados en casa de la madre de Staś, en la calle Kościuszki de Poznań, en cierto sentido, a la sombra de su gabinete dental. Y allí, las primeras conversaciones, la rotura del hielo y los comienzos de mi amistad con él y también con Anna, su sabia esposa y la más fiel compañera.

Luego Cracovia. Yo admiraba su paciencia durante los encuentros—o, algo peor, las reuniones—de la llamada Młoda Kultura ('Cultura Joven'), es decir, un grupo de autores por aquel entonces auténticamente jóvenes que habían creado una especie de comunidad. Solían publicar en la revista *Student*. Aquellas reuniones siempre duraban demasiado—cosa que puede aplicarse a casi todas las reuniones, a excepción de las breves y enérgicas sesiones del Committee on Social Thought de la Universidad de Chicago—. Más de una vez, detrás de la ventana se levantaba el sol de primavera que atravesaba a duras penas la densa nube de humo de tabaco. Aquello ocurría en la primera mitad de los setenta.

Después, las visitas de Staś a Cracovia en la segunda mitad de los setenta cuando, de Młoda Kultura como institución, ya no quedaba más que el recuerdo. A menudo se instalaba en nuestra vivienda del último piso del bloque de la calle Chrobrego—en la planta baja, vivía Julian Kornhauser y, en el noveno, Jerzy Radziwiłowicz, «el hombre de mármol»—.[1] Venía a Cracovia para participar en alguna sesión académica o por invitación de la Universidad Volante. En aquella época, no era la única persona que tenía dos existencias paralelas, una del todo legal y otra clandestina. A menudo teníamos largas charlas nocturnas. Siempre se mostraba abierto y amistoso, pero sólo en aquellas tertulias intempestivas se abría de veras.

Dio la casualidad de que pude verme con Stanisław y con Anna en Cambridge, Massachusetts, justo al comienzo de su estancia allí, en el primer piso que tuvieron y en el segundo, antes de que se hiciera realidad la casa de Newtonville que iba a ser su fortaleza durante años, un lugar de trabajo intenso y también el que acogería su grave enfermedad. Recuerdo las alegrías y las tribulaciones de entonces. Había más alegrías—la universidad, las bibliotecas, una vida nueva en Nueva Inglaterra—, y también el primer coche, que Staś conducía orgulloso por las calles de Cambridge y

[1] Julian Kornhauser (1946), poeta, crítico literario, ensayista y traductor, uno de los máximos representantes del movimiento Nowa Fala ('Nueva Ola') en los años setenta. Jerzy Radziwiłowicz (1950), actor de cine y de teatro, protagonista de dos famosas películas de Andrzej Wajda *El hombre de mármol* y *El hombre de hierro*.

de Boston. Era un Subaru japonés y, ¡cómo no!, Barańczak, poeta, pero también filólogo, corregía a sus compatriotas, desconocedores del hecho de que, en la palabra *subaru*, el acento recae sobre la primera sílaba y no en la consagrada penúltima sílaba polaca. Esto me recuerda a Joseph Brodsky que, en uno de sus ensayos, afirma haber creído, cuando aún vivía en Rusia y hacía sus pinitos con el inglés, que la palabra Buick, otra marca de coches, debía tener dos sílabas y no una, porque ¿quién iba a comprar un coche monosílabo? (Al fin y al cabo, incluso el Fiat es monosílabo solamente en Polonia).

Una vez, nos encontramos en Nueva York. Eso fue cuando casi había terminado el período de actividad pública frenética de Staś, que durante la ley marcial en Polonia recorría incansable la América del Norte—diría que Canadá también entraba en el trayecto—y se prodigaba, a veces acompañado de grandes estrellas de la categoría de Susan Sontag, leyendo poemas y hablando de la situación de su país. Esto le debía de resultar muy duro, ya que no era un animal de escenario, aborrecía esta clase de eventos y, como ya sabemos, carecía por completo de inclinaciones teatrales. Sin embargo, consideraba que hacer aquello era su deber como ciudadano y militante del KOR ('Comité de Defensa de los Obreros'). La integridad moral, la valentía y el espíritu de sacrificio hicieron que, a pesar de su idiosincrasia privada, casera, de *petit comité*, y de trabajador infatigable, asumiera *pro bono* unas obligaciones difíciles que no casaban en absoluto con su naturaleza. Y no olvidemos que, a ojos de los cientos de compatriotas que se dejaban caer por Boston, era el representante no oficial de la «Polonia clandestina»—los artistas alemanes acuñaron para su país la expresión «*das geheime Deutschland*»—, alguien a quien había que conocer y rendir visita a toda costa, hecho que él se tomaba como un gran honor, como una deferencia, aunque, en algunos momentos, le debía de resultar insoportable. Creo que más de una vez echó de menos un atardecer tranquilo: estoy seguro de que, al caer el día, le hubiese apetecido mucho más traducir algún poema de Elizabeth Bishop o, indicio de un patriotismo local naciente, ver en la televisión un partido de baloncesto de los Boston Celtics.

Y después, al final, los últimos encuentros, cuando ya estaba marcado por el sufrimiento y su orgullosa silueta de hombre alto y robusto se encogía cada vez más, se doblaba sobre sí misma, rendida a la implacable enfermedad. Entonces ya casi no podía hablar y necesitaba de los servicios de Anna, la infalible Anna, que traducía su bisbiseo. Sin embargo, lo oía todo y lo comprendía todo. A ratos, se sumergía en un estado de modorra, exhausto por la enfermedad y la medicación. Su formidable inteligencia permanecía incólume, pero el cuerpo la había traicionado, el sistema muscular la había dejado en una situación de desamparo.

Se convirtió muy pronto en una gran autoridad en dos disciplinas: como poeta y como crítico, un crítico agudo y a menudo mordaz; pero no tardó en jugarse el todo por el todo: fue uno de los miembros fundadores del KOR y, de golpe y porrazo, su vida dio un vuelco radical. El poeta y teórico, la gran esperanza de la filología polaca en Poznań, alguien predestinado a ocupar la cátedra en un tiempo récord, se transformó de la noche al día en un activista intrépido, restituyendo a este vocablo el significado prístino que había quedado deslucido por el servilismo de legiones de «activistas del partido», cuya «actividad» se reducía a levantar la mano a la hora de votar—¡cómo no!, por unanimidad—alguna de las resoluciones del enésimo congreso.

Y, ya que hablamos de la «conspiración»: allí no faltaba teatralidad, cierta exageración. Algunos polacos se sienten a sus anchas «conspirando», disfrazándose física y psíquicamente. Pero digámoslo otra vez: éste no era el caso de Barańczak, que, en sus ocupaciones clandestinas, se mostraba tan tranquilo y responsable como en todas las demás, e igual de ambicioso. Era ambicioso, ¡claro!: alguien que hace un trabajo tan ingente y despliega tanta energía no puede no serlo.

Cada vez que te cruzabas con Stanisław, ya fuese en Poznań, en Varsovia o en Cracovia, tenías la sensación de haberlo pillado justo durante una breve pausa en el trabajo, de que, apenas un minuto antes, todavía estaba trabajando en un ensayo nuevo o corrigiendo exámenes de los estudiantes: no recuerdo quién me contó que, para una huelga de hambre de varios días, había acudido armado de un inmenso acopio de tareas, de escritos de sus alumnos para revisar y textos para traducir...

Barańczak debutó pronto y se hizo un nombre pronto, no sólo como poeta, sino también como crítico y autor de programas poéticos. Uno de los textos fundamentales del volumen de críticas *Nieufni i zadufani* ('Desconfiados y soberbios'), que dio título al libro entero, se publicó en 1967, cuando su autor tenía apenas veintiún años y era estudiante de la Universidad Adam Mickiewicz de Poznań...

Precisamente la «desconfianza» era el núcleo intelectual de los textos programáticos de Barańczak al inicio de su andadura—desconfianza, ironía y criticismo, acompañados de la esperanza, sin duda utópica, de que eran herramientas capaces de calcinar, destruir el mal social y todas las injusticias—. No tengo intención de volver a las disputas ideológicas de aquellos tiempos, ya es demasiado tarde y, además, no resulta difícil encontrar análisis de aquellas tesis en un sinnúmero de artículos y estudios de críticos de distintas generaciones.

De joven, había acuñado la noción y la consigna de «romanticismo dialéctico». Creo que, con el paso de los años, dejó de atribuir importancia a aquella terminología y le habría entusiasmado la reacción de Verlaine a la pregunta sobre el simbolismo...

La desaparición de alguien tan destacado como Barańczak no invita a una discusión pormenorizada sobre sus ideas, sino al homenaje—¡que no nos asuste la palabra!—, invita a dibujar una imagen sintética del poeta, traductor, crítico y simplemente ser humano, porque la muerte no nos ha arrebatado a un teórico ni tan solo a un autor, sino a una gran persona.

Una gran persona y un poeta. El día en que Stanisław era enterrado en el Cambridge estadounidense, se reestrenó en la ópera de Cracovia el *Viaje de invierno* de Schubert/Barańczak.[1] Me gusta ver estos dos nombres juntos. Los que no habían podido tomar un vuelo con destino a Boston se reunieron en la sala cameral del edificio bermejo de la ópera para escuchar las canciones de Franz Schubert con textos de Stanisław—unos textos excelentes, entre cabareteros y místicos, entre trágicos y divertidos—. Las interpretó—con primor—el barítono Andrzej Biegun. Creo que no

[1] En 1994, Stanisław Barańczak había publicado un volumen de poesía inspirado en las veinticuatro canciones de Schubert de este ciclo. Uno de los poemas es una traducción suya del texto de Wilhelm Müller, y los veintitrés restantes son originales.

fui el único para quien este acto resultó una experiencia extraordinaria y no sólo porque yo supiera, porque supiéramos todos, que, casi en el mismo momento, una multitud de amigos de Barańczak se congregaba en el cementerio Mount Auburn de Cambridge para despedirlo.

La conjugación de la música inmortal de Schubert con la poesía de Stanisław era una demostración de la unidad del arte. La música de aquel compositor que murió joven sin conocer las iniquidades del siglo XX y que nada podía saber de Auschwitz o de Kolimá, de la vacuidad de tantos sectores de la vida moderna, o del tedioso mundo inundado de información inmediata que no importa a nadie, pero sabía muy bien qué son la vida y la muerte, conectó de forma ideal con las inspiradas palabras que había escrito nuestro amigo en plena lucha contra la enfermedad, contra el tiempo y la desesperación, y se unió a las palabras creadas por Barańczak, quien no sólo había sido testigo del totalitarismo, sino también su enérgico y valiente adversario.

Era como si dos generaciones del todo distintas, separadas por ciento cincuenta años, ubicadas en países, eones y lenguas distintas y condenadas al eterno desencuentro—por un lado, Franz Schubert, un artista de la época de los fracs y las velas, de los cañones y las mentiras diplomáticas, un testigo cronológico del Congreso de Viena, y, por el otro, Stanisław Barańczak, que había vivido a la sombra de Yalta y de Potsdam, de unas mentiras todavía más monstruosas, sistémicas y triunfantes, y de una enfermedad incurable—, se fundieran aquella tarde en una forma artística impecable. Se encontraron en la inmensa y dulce melancolía del arte, en la tristeza suavizada por la perfección de la forma y de la expresión, por la felicidad amarga que suele ocasionar el arrobamiento, aunque no dure más que un breve instante. Un arrobamiento trágico que nos permite aceptar por un momento lo inaceptable, el hecho de que todo perece en el fuego gélido del tiempo, el más paciente de los asesinos.

Al leer los poemas más logrados de Barańczak, como «Para Grażyna», «Desde la ventana de uno de los pisos, esa aria de Mozart», «Ella lloró durante la noche, pero no fue su llanto lo que lo despertó», «Viaje de invierno» y otros, no hay modo de no detenerse a pensar qué es, en el fondo, un gran poeta. Stanisław escribió poemas extraordinarios casi desde el inicio de su carrera poética, pero fue en sus obras tardías donde alcanzó la verdadera maestría, y entonces ya no necesitaba el armazón de programas, teorías y manifiestos.

No hablo así movido por el antintelectualismo, que de hecho me resulta extraño, del todo ajeno. Sólo quiero decir que, en un gran poeta, el factor intelectual se fusiona con los otros elementos de la poesía de una forma tan perfecta que no hay manera de distinguirlos ni separarlos.

Paul Verlaine sabía muy bien qué era lo que no entendía.

CAFÉ A LA TURCA

No hace falta ser un bibliófilo para emocionarse al ver libros que no hemos visto durante años, aunque sean nuestros. Hemos olvidado algunos y, por momentos, hemos añorado otros. Entre los libros viejos que acabo de liberar de las cajas de cartón del traslado—lo admito: con una gran demora, después de muchos años—he encontrado, entre otras cosas, la antología *Cien poemas polacos* publicada en 1967 y compilada por Julian Rogoziński. Basta una ojeada para constatar lo mucho que han cambiado los tiempos. Por ejemplo, en la selección de Rogoziński, falta Czesław Miłosz—Miłosz no existía oficialmente en la Polonia comunista de los años sesenta—. Mieczysław Jastrun ocupa la mayor parte del tomo. Zbigniew Herbert está representado con un solo poema, igual que Leszek Kołakowski; de este último, encontramos un largo poema didáctico, una divertida clase de filosofía en verso sobre Arthur Schopenhauer, el misántropo y amante de la música. También de Wisława Szymborska hay un único poema: «En el río de Heráclito».

Después de todo, aquélla fue una buena época para la literatura polaca. Las obras de los exiliados llegaban al país con enormes dificultades, ¡pero estaban allí! ¡Y menudas obras! La Polonia comunista era un país muy extraño: casi toda la cultura estaba financiada (parcamente) por el Estado, mientras que la gran mayoría de los artistas, cineastas, autores de teatro, directores y actores, escritores, poetas e incluso compositores sometían a este mismo Estado a una crítica implacable, aunque ligeramente camuflada. En la larga historia de las relaciones entre los mecenas del arte y los artistas, costaría encontrar otro ejemplo en el que la misión principal del artista fuese ridiculizar a su mecenas. Aunque, en marzo de 1968, muchas cosas se torcieron y Leszek Kołakowski y otros intelectuales se vieron obligados a emigrar.

Sea como fuera, cuando en 1974 se publicó *Un mundo no representado*, el impulso crítico de este libro probablemente hubiera podido ser interpretado—y, de hecho, me consta que así fue—como un gesto casi bárbaro y una muestra de la incomprensión hacia la situación de la literatura polaca que intentaba sacar provecho de las limitaciones a las que estaba sometida—unas limitaciones que, dicho sea de paso, no eran ni de lejos tan drásticas como en otros países del bloque soviético—. ¿Acaso sus entonces jóvenes autores mostraran falta de tacto?[1] O, tal vez, fueran los mensajeros de tiempos que aún estaban por llegar, unos tiempos que aborrecían la censura, aun cuando ésta cerrara diplomáticamente los ojos a decenas de indirectas y tolerara distintos experimentos formales.

Volviendo a la antología de Julian Rogoziński, podemos asegurar que hoy, si una rectificación así fuese posible después de tantos años, abriríamos más ampliamente las puertas del libro ante Wisława Szymborska. Y también Zbigniew Herbert habría gozado de unas páginas adicionales, por no mencionar a Czesław Miłosz.

En el mismo año que la antología, en 1967, se publicó mi primer poema. Lo digo porque la persona que lo aceptó para su publicación fue Wisława Szymborska.

En los años sesenta, después de dudarlo mucho, llevé mis poemas a la redacción de la revista cracoviana *Życie Lite-*

[1] Los autores en cuestión son el propio Zagajewski y Julian Kornhauser.

rackie ('Vida Literaria')—¡cuánta emoción!—, que tenía la sede, igual que *Tygodnik Powszechny*, en la calle Wiślna. Por aquel entonces, Wisława Szymborska era la jefa del departamento de poesía. Su escritorio quedaba a la izquierda de la entrada a una espaciosa sala. También allí, enfrente de la puerta y ligeramente a la derecha, hacía sus horas de oficina Włodzimierz Maciąg, el responsable de la crítica literaria. Si mal no recuerdo, Olgierd Terlecki también trabajaba en aquella sala. De vez en cuando, hacía acto de presencia brevemente el jefe, Władysław Machejek, una figura de lo más ambigua: un activista del partido con desmesuradas y grafómanas veleidades literarias. El escritorio de Włodzimierz Maciąg saludaba a los autores visitantes con una máxima impresa a conciencia con caracteres de considerable tamaño sobre una hoja de papel de tina colocada debajo de la plancha de cristal: «No hay obra maestra que, reducida a la mitad, no gane en calidad». Así lo recuerdo y no sé quién es el autor de esta advertencia, quizá alguno de los moralistas franceses. Sin duda, esta fórmula representa muy bien la mentalidad de casi todos los redactores de revistas literarias y no-literarias.

De resultas de una segunda visita, Wisława Szymborska dio el visto bueno a la publicación de uno de mis poemas. Durante la primera, me había aconsejado que leyera mucho, «y no solamente poesía», sino también filosofía, ensayos y novelas. El consejo no era necesario, porque yo leía bastante, y no únicamente poemas, pero eso era muy propio de ella: intentaba despoetizar a los jóvenes clientes, hacer que fueran menos exaltados y adquirieran algunos conocimientos del mundo real, la historia y las ciencias… Luego, cuando ya éramos buenos amigos y le recordaba esta anécdota tan importante e inolvidable para mí y sólo uno de tantos episodios para ella, me decía: «Adam, yo no me acuerdo».

En los años setenta, ya iba de vez en cuando a cenar a casa de Szymborska. El comienzo de nuestra relación renovada fue una carta que recibí de la poeta, donde elogiaba mi breve ensayo «Sobre los poetas perezosos» publicado en la revista mensual *Poezja*. El mero hecho de que le gustara un esbozo o columna así titulado demuestra que se tomaba muy en serio la poesía y los poetas, pero al mismo tiempo con una pizca de ironía. Creo que nunca se perdonó sus poemas socialrealistas. No soportaba que alguien le recordara sus años de realismo socialista, eso le causaba mucho sufrimiento, y sabía que, entre amigos, el tema no iba a salir nunca a colación, se sentía segura, pero me temo que pensaba en ello todo el rato, tal vez cada día. Encontramos huellas de este recuerdo en casi todos sus poemas. Su poesía está construida sobre la experiencia traumática del estalinismo y sobre la derrota que su obra temprana sufrió en la lucha con la mentira. Había comprobado con dolor en carne propia, y en la de muchos de sus coetáneos, hasta qué punto el poeta puede ser proclive al conformismo de su época y qué instrumento tan delicado es la lengua, no solamente «la lengua de los estructuralistas», que admite toda clase de operaciones y transformaciones, sino algo más importante, el *logos* de los griegos, la garantía de la condición humana, la palabra verdadera. Vio con qué facilidad se puede llegar a corromper la lengua, si el poeta, el escritor, baja ligeramente la guardia en cuestiones éticas o filosóficas. Y, tras años de trabajo creativo, de un trabajo concienzudo y lleno de inventiva, sin duda le parecía inconcebible que, en su juventud, hubiese sido capaz de traicionar a la verdad de la poesía.

Por esto, no se inclinaba *a priori* ante los «poetas». Era harto consciente de sus debilidades y, en calidad de miembro de distintas delegaciones de la Unión de Escritores Polacos, había viajado en su compañía a países lejanos y próximos, a países «socialistas» y democráticos. Había conocido a una infinidad de poetas grandes y mediocres en el comedor de la Casa del Escritor y durante sus estancias en las Casas de Trabajo Creativo,[1] en las veladas literarias y en los encuentros privados en la calle Krupnicza,[2] y en otros lugares. Su hermoso poema sobre Baczyński que, de haber sobrevivido a la guerra, se habría convertido en un «literato» asiduo, como tantos otros, de la villa Astoria de Zakopane, demuestra cómo dominaba el tema de la fenomenología de los poetas en tanto que criaturas (a menudo) caídas.[3]

La Casa del Escritor en la calle Krupnicza, 22, de Cracovia, centenares de reuniones de literatos, una célula del partido, decenas de personas perfectamente vulgares, café a la turca, cigarrillos baratos con marcas de carmín, quioscos con las toscas sábanas del *Trybuna Ludu* ('Tribuna del pueblo') que pringaban los dedos,[4] viajes gracias a la invitación de Uniones hermanas, tulipanes marchitos en el mes de marzo con motivo del Día de la Mujer y ferias del libro en mayo celebradas con una pompa ficticia... Pienso a menudo en el milagro de la trayectoria poética de Wisława Szymborska, una poeta cuya biografía, fruto de la Polonia prostituida y sometida al comunismo, la predestinaba de entrada a ser la típica escritora representante de la vulgaridad cul-

[1] La Unión de Escritores Polacos disponía de residencias en lugares tranquilos (las denominadas Casas de Trabajo Creativo), donde sus miembros podían realizar estancias de distinta duración. Una de ellas era la villa Astoria de Zakopane, a los pies de los montes Tatra.

[2] En la calle Krupnicza, 22, estaba la sede de la Unión de Escritores en Cracovia y la Casa del Escritor, donde muchos escritores se alojaban, temporalmente o no, en pequeños apartamentos.

[3] Alusión al poema de Wisława Szymborska «En pleno día» (publicado por Lumen en traducción de Ana María Moix y Jerzy Sławomirski).

[4] Periódico oficial del Partido Unificado Obrero Polaco.

tural que reinaba en los países de la democracia popular, aunque, contra todo pronóstico y pese a todo, oyó de pronto la llamada de una voz poderosa: la citación de «un juzgado desconocido», en palabras de Jan Józef Szczepański.[1]

Porque creía, tenía que creer, en la poesía como fuente eterna de verdad, justicia e imaginación, como la perpetua y omnipresente posibilidad de renacer y recuperar la soberanía artística, de poner entre paréntesis la dimensión puramente social, es decir, los compromisos, como la oportunidad de olvidar por completo a los poetas del comedor y de la villa Astoria, unos poetas que redactaban cartas serviles y solicitudes de becas rastreras. Sin aquella fe, no habría podido escribir tantos poemas excelentes.

No es necesario creer en los poetas, basta con permanecer fiel a la poesía.

Valoraba mucho la obra de Tadeusz Różewicz, pero me consta—ella lo mencionó en varias ocasiones—que le molestaba la celebración de la figura del poeta en algunas obras del autor de *Inquietud*: el poeta se levanta, el poeta se sienta, el poeta se acerca a la ventana, el poeta recibe visitas. Me imagino que, mientras escribía sus poemas con gran esfuerzo y dispendio de tiempo, sometiéndolos a innumerables revisiones, no se sentía en absoluto «poetisa», sino una persona indefensa, alguien que piensa y que brega con la hoja de papel en blanco, con sus flaquezas y con la lengua polaca que se le resiste.

Cuando empezó nuestra amistad, vivía en la calle Nowowiejska (esquina con la 18 Stycznia de entonces, que ahora es Królewska), en el así llamado «cajón», es decir, en un estudio situado en el piso más alto del edificio. Después

[1] Alusión al título del conjunto de ensayos filosóficos publicado en 1974 por el escritor Jan Józef Szczepański.

de un tiempo, se trasladó apenas a unos doscientos metros más allá, a la calle Chocimska, y luego a la calle Piastowska. A menudo, casi siempre, hacía acto de presencia Kornel Filipowicz, un hombre sabio y excelente escritor. Eran pareja, pero él seguía conservando su piso situado no muy lejos de la calle Chocimska. Raras veces se discutían temas «literarios». En la época de la clandestinidad de finales de los setenta, hablábamos a menudo de política. Cabe decir que estuve presente cuando Wisława Szymborska y Kornel Filipowicz firmaron la carta de protesta contra los anunciados cambios en la Constitución, la «Carta de los 59», como suele llamarse desde hace mucho tiempo. Halina Mikołajska[1] la había traído de Varsovia y, sin Wisława y Kornel, habría sido la Carta de los 57. Pero ellos no dudaron ni un segundo.

De lo que se hablaba menos era de literatura, aunque, ya en una época tardía, Wisława era capaz de soltar de sopetón: «No sé vosotros, pero yo ya estoy harta de Dostoievski». O bien: «Los críticos de poesía no leen libros de divulgación científica, de ciencias naturales, ¿cómo pretenden, pues, comprender algo de la poesía contemporánea?».

Cuando le tocaba hacer de anfitriona, siempre cuidaba de tener a sus huéspedes bien alimentados, pero también velaba por la calidad de la conversación. A veces yo tenía la sensación de que se había preparado para la tertulia y proponía un tema que le parecía interesante—todo por miedo a que la velada acabara en un charloteo—. Y esto también era una muestra de su respeto a la lengua.

Creo que uno de sus grandes enemigos—dejando a un lado a los peores: la ideología totalitaria y el crimen po-

[1] Halina Mikołajska (1925-1989), una de las actrices dramáticas más célebres de la época, opositora al régimen que incluso llegó a estar internada durante la ley marcial.

lítico—era el aburrimiento. El aburrimiento y la banalidad. No tenía nada de bohemia, no se teñía el pelo de verde, pero odiaba todo lo banal. No escribía poemas banales, pero, incluso en el arte de vivir, hacía todo lo posible para que las cosas fueran interesantes, inteligentes, para que la gente que se daba cita al anochecer pudiese hablar de temas de peso.

A veces, me daba la impresión de que había salido por un momento de uno de esos salones parisinos del siglo XVIII de los que Benedetta Craveri habló de manera tan interesante en su magnífico estudio *La cultura de la conversación*. Como es sabido, en aquellos salones las damas llevaban la voz cantante. Los salones parisinos eran instituciones extraordinariamente civilizadas. Allí, se cultivaba el arte de conversar, uno de los peldaños más altos de la escalera que conduce desde la barbarie hasta la cultura. Wisława también apreciaba mucho la conversación inteligente. Apreciaba la Ilustración y la razón; en esta época nuestra saturada de vestigios de la fiebre romántica, representaba otros valores, otros climas. Era una persona elegante, aunque tal vez no tanto en un sentido indumentario—estas cosas le traían sin cuidado—, como en los gestos, la manera de hablar y, ¡cómo no!, los poemas. Valoraba en mucho la forma, y me atrevería a decir que no soportaba el caos ni en la vida, ni en la literatura. Aborrecía la improvisación y las prisas—cuentan que Piotr Skrzynecki[1] solía decir: «La prisa te envilece» (¡he aquí la quintaesencia de Cracovia!)—. Diseñaba los encuentros con los amigos con mucha antelación. Le gustaba tener control sobre el calendario, aun-

[1] Piotr Skrzynecki (1930-1997), fundador del famoso cabaré político cracoviano Piwnica pod Baranami, llamado—no sin razón—el último bohemio de Cracovia.

que sabía perfectamente que finalmente será el calendario quien acabe controlándonos a nosotros.

Como todos sabemos, la derecha le recrimina, a veces de una forma muy brutal, su breve período de fidelidad al realismo socialista. En situaciones como ésta, la manera como uno consigue salir de la crisis puede resultar más trascendental que el mero hecho de haber sucumbido a ella. Todos estamos expuestos a cometer errores, sobre todo en la adultez temprana, y Wisława Szymborska consiguió subsanar su error a las mil maravillas. Era una persona y una escritora sedienta de verdad y de honradez intelectual, y el hecho de haber experimentado aquella frustración de joven no fue simplemente una lección, como solemos decir frivolizando, sino una enseñanza trascendental. Szymborska construyó su obra madura sobre el análisis crítico de aquellos años y de aquellos poemas que jamás accedió a reeditar. Y no cabe duda de que esto nos resulta más interesante e instructivo que acusaciones estereotipadas del tipo: «A comienzos de los cincuenta, Wisława Szymborska cultivó la poesía propagandística».

Era fiel a sí misma como pocos—como si no perdiera nunca de vista las palabras de Hamlet: «*This above all: to thine own self be true*» («Y sobre todo esto: sé sincero contigo mismo»)—.[1] Y el hecho de haber quebrantado este mandamiento durante unos años debía de resultarle doloroso y molesto, aunque al mismo tiempo se convirtió en la fuerza motriz moral de su labor artística.

Tanto en los poemas como en la vida, tanto en la obra creativa como en el talante, era siempre ella misma, Wisława

[1] William Shakespeare, *Hamlet*, trad. Tomás Segovia, acto I, escena III, en: *Obra completa II. Tragedias*, varios trads., Barcelona, Debolsillo, 2012, p. 305.

Szymborska, alguien prácticamente libre de ingredientes añadidos. Su poesía destaca en la poesía universal por su originalidad: es una poesía intelectual y meditativa, pero también divertida e irónica y—¡cosa extraña!—muy accesible. Cada poema constituye un todo, parece un atlas del mundo en miniatura, un atlas muy elaborado y preciso. No existe otro poeta ni otro atlas así.

Entre los amigos de Wisława—sus detractores decían que se rodeaba de una «corte», pero no hay corte sin monarca, y aquello era una república—, yo formaba parte del sector «serio». Por desgracia, no escribía *limericks* ni me disfrazaba con ropajes fantasiosos. Y tampoco sabía hacerla reír a carcajada limpia. Convencido de la solidez de su posición, el bando comediante me miraba a veces con un ligero reproche, pero creo que ella, Wisława Szymborska, necesitaba lo uno y lo otro. No en vano escribió muchos poemas trágicos, aunque al mismo tiempo era amante de la diversión. Estaba abierta a ambas cosas. Había vivido tiempos difíciles, había experimentado la fragilidad de la naturaleza humana y había tenido que despedirse de su ser más querido; no condenaba a nadie, prefería comprender a la gente. Dejaba lo más difícil y triste para los momentos en que estaba sola en casa, armada del bolígrafo y la máquina de escribir—nunca aceptó el ordenador—. Por el contrario, en compañía de sus amigos le gustaba reírse a semejanza de otros grandes poetas trágicos (Miłosz, Brodsky, Heaney, Herbert, Walcott). En los ratos de ocio, los satíricos y los humoristas suelen sumirse en la melancolía, mientras que los trágicos se parten de risa a menudo, quizá porque el sentimiento trágico los haya familiarizado con el absurdo, y el absurdo los atemorice, pero los divierta.

Era una persona buena, extremadamente atenta y cariñosa en la amistad. Era modesta y encantadora. Huelga que diga: «No voy a olvidar nunca a Wisława Szymborska», porque es alguien a quien no se puede olvidar. Es inolvidable en los poemas y en las conversaciones. E incluso en las fotografías. Nadie miraba el objetivo como ella, tan pizpireta, avispada y soberana. Un ser humano con «la mano portentosamente emplumada con una Waterman», como dijo en su poema sobre Thomas Mann.

LOS POEMAS DE HERBERT QUE MÁS ME GUSTAN

¿Mi poema de Herbert preferido? En realidad, no debería responder a esta pregunta, porque creo que lo esencial de la poesía de Herbert es que ésta no puede ser representada por un solo poema, ni siquiera por un manojo de poemas. La poesía de Herbert se desarrolla a través de un diálogo permanente consigo misma, un diálogo que involucra también al lector. Hay pocos poetas cuyos versos difieran tanto entre sí. No me refiero a diferencias formales, al trecho que separa—pongamos por caso—un soneto de una oda o un rondó de una elegía, sino a esos distintos «mensajes», tonos, voces, temperaturas y puntos de vista. Aunque, a pesar de esto, Herbert no es en absoluto un poeta enigmático, hermético—¡ni hablar!—. En principio, es un poeta de códigos abiertos.

Comparado con otros poetas líricos del siglo XX, Herbert es «fácil». Pensemos por ejemplo en Eugenio Montale, un excelente poeta italiano que, no obstante, se escapa incesantemente al lector, como si siempre le estuviera ocultando alguno de los elementos del poema. Este escapismo es incluso el rasgo principal de su poesía: en él reside todo el encanto de sus poemas, unos poemas que llevan la elipsis por bandera.

En comparación con Montale (que, dicho sea de paso, no es el poeta más difícil del siglo XX, porque también tenemos a Paul Celan, mucho más hermético, sobre todo en la etapa tardía de su obra), Zbigniew Herbert es un autor comprensible tanto por su fidelidad a un credo—sabemos que reivindicaba una poesía transparente—como por su propia naturaleza. Y, sin embargo, esta comprensibilidad no deja de ser hasta cierto punto una mera ilusión. Herbert construye lo enigmático de su poesía con otros medios: aparentemente se nos muestra sin tapujos, pero si examinamos a fondo un grupo más numeroso de poemas, descubriremos que él también se nos escapa.

El volumen que contiene ochenta y nueve poemas y cuya distribución, como bien sabemos, obtuvo el *imprimatur* del autor por aquel entonces ya gravemente enfermo está construido de tal modo que termina con esta tríada: «Rovigo», «Tornada de Don Cogito» y, finalmente, «El guijarro». De este modo, Herbert intenta comunicarnos algo. Si fuese el poeta que nuestros ideólogos—nuestros críticos ideologizados—quieren que sea, habría colocado en el último lugar la «Tornada» a modo de coda definitiva de su obra. Pero no es así, el último poema es «El guijarro»; después de la inconmensurablemente expresiva «Tornada», viene «El guijarro», austero y ascético.

«Rovigo», «Tornada» y, al final, «El guijarro». ¡He aquí las tres últimas palabras del poeta! ¡He aquí cómo quiso que percibiéramos su obra! Estamos ante una construcción muy interesante, en la que podemos encontrar la huella de un gesto artístico deliberado, la muestra de una animadversión a los significados sólidos. Al despedirse de nosotros, por lo visto Herbert intenta salvar la polivalencia de su poesía.

Echemos una mirada a «Rovigo», un poema tardío. «Rovigo» es la meditación de un esteta que pone en tela de juicio la gran pasión de su vida. Rovigo, una ciudad no muy grande que los turistas suelen ignorar, adquiere en el poema de Herbert el estatus de un lugar casi carente de obras de arte (aunque algunos conocedores del norte de Italia saldrán en defensa de su honor), un lugar donde sólo se suceden asuntos humanos elementales, es decir, sufrimientos, nacimientos y agonías, *arrivi e partenze*, *partenze e arrivi* (llegadas y salidas). La estación de ferrocarril y su tablón con el horario de los trenes (algo que, como recordamos, ya fascinó a Tymoteusz Karpowicz)[1] sugirió al poeta cuál es la fórmula lapidaria de la vida del hombre. Este poema rezuma un gran cansancio—y un gran escepticismo—. Arroja una sombra sobre las anteriores búsquedas estéticas de Herbert, aunque huelga decir que no las invalida. No obstante, no deja de ser un poema revisionista; casi tenemos la sensación de oír la voz de Herbert que nos dice: «Las cosas no son tan simples como parecen»:

Rovigo no se distinguía por nada en especial
obra maestra de la medianía calles rectas casas nada agraciadas
tan sólo antes o después de la ciudad (dependiendo de la
dirección del tren)
se alzaba de pronto desde la llanura una montaña—con el tajo
de una roja cantera
parecida a un jamón festivo sobre una col verde—
fuera de esto nada que alegrara entristeciera o sorprendiera mi
mirada

Y empero era una ciudad de sangre y piedra—como otras—
ciudad donde ayer alguien murió alguien enloqueció
alguien estuvo toda la noche tosiendo con desesperación

Luego viene la «Tornada», y después, «El guijarro». Este poema admite distintas interpretaciones. Sin embargo, puede considerarse el *ars poetica* del autor de *El treno de Fortimbrás*:

[1] Tymoteusz Karpowicz (1921-2005), representante de la poesía lingüística, considerado el último gran modernista.

Siento su pesado reproche
cuando lo retengo en mi mano
y su noble cuerpo
absorbe mi falso calor
—Los guijarros no se dejan domesticar
hasta el final nos mirarán
con su ojo calmo y clarísimo

Este «falso calor» que impregna el guijarro, ¿no representa acaso las ideologías y los significados perogrullescos que con tanta prontitud atribuimos a los poemas? «El guijarro» defiende la soberanía del mundo no-humano y no-animado, postulando en cierto sentido la cosa en sí kantiana. Sin embargo, si substituimos el guijarro por la poesía, nos percatamos de que se trata también de una defensa del misterio del arte. Al final de la selección más importante de sus poemas, Herbert declara: me quiero escapar de vosotros. No quiero que doméis mis poemas (aunque la verdad es que no hacemos otra cosa).

Y todavía algo más: la magnífica sencillez del final de este breve poema: «nos mirarán | con su ojo calmo y clarísimo». Más sencillo imposible. El último renglón también trae consigo un predominio de las vocales,[1] y así salva de paso la reputación de nuestra lengua, a la que a menudo se le echa en cara que se atraganta con los mazacotudos buñuelos de las consonantes.

Pero la «Tornada de Don Cogito» tampoco es una composición ideológicamente clara. Es un poema magnífico, serio a más no poder—uno de los mejores de la poesía polaca—. Es un poema tan famoso en Polonia que algunos lectores poco perspicaces—y hay entre ellos escritores de

[1] En el original polaco: «*okiem spokojnym bardzo jasnym*».

renombre—se impacientan ante el mero título, como si la «Tornada» fuera una composición demagógica, ideológica, que ya no tiene nada que comunicarnos, una composición esquilmada por interpretaciones voraces, como si su tesis principal, por no decir la única, fuera: «no perdonarás».

A la hora de la verdad, es todo lo contrario. Se trata de un poema difícil, construido a base de contradicciones—alguien debería dedicar una monografía a este verso y a su acogida, para demostrar que representan dos capítulos totalmente distintos de la historia contemporánea de la poesía polaca, siendo la crónica de su recepción la historia del movimiento oposicionista en la Polonia de los años setenta y ochenta—. El poema, no obstante, no nos promete nada (excepto tal vez el «vellocino de oro de la nada») y no nos conmina a nada (en concreto). Es cierto que habla de la fidelidad, pero ignoramos a qué deberíamos serle fieles. La «Tornada» está escrita en imperativo, pero, a mi parecer, es un verso extático que está construido sobre una acumulación de imperativos (de ahí que haya tantos verbos) y sobre el contraste entre un tono sublime y un gesto autoirónico:

> guárdate sin embargo del orgullo innecesario
> contempla en el espejo tu rostro de bufón
> repite: fui reclutado—¿acaso no había mejores?

y la clásica invocación de la lírica extática:

> guárdate del corazón árido ama la fuente matinal
> el ave de nombre desconocido el roble invernal
> la luz sobre el muro el esplendor del cielo
> ellos no precisan de tu cálido aliento
> existen para decirte: nadie te consolará

Incluso el hecho de que se hable en él de un «ave de nombre desconocido» resulta significativo, porque así se subraya el carácter abstracto del apóstrofe que aparece en el poema. Un ruiseñor o un halcón habrían ejercido un efecto distinto: habríamos sido capaces de descifrar su sentido—las aves no solamente existen en la naturaleza, sino también en nuestra imaginación, donde funcionan como animales heráldicos dotados de diversos valores y significados—, pero el poeta tuvo a bien guardar las distancias, borrar los contornos. El roble es «invernal», es decir, ha desechado el pesado ropaje de la fronda verde y ha adoptado una forma gráfica: la de un ideograma chino. La luz se refleja sobre el muro—¿la luz de una lámpara o la luz del sol?—. En la «Tornada», Herbert intenta decirnos algo muy importante, aunque se niegue a revelar de qué se trata exactamente. Debemos guardarnos del «corazón árido», pero el poema que nos exhorta a hacerlo se caracteriza por una premeditada e intencionada aridez en la tarea de poner nombres a las cosas.

Y algo más: Gilgamesh, Héctor y Roldán son personajes literarios (aunque no exentos de prototipos reales); en la *Ilíada*, Héctor tuvo un momento de flaqueza impropio de un héroe, pero en la escena de la despedida de Andrómaca mostró también una bellísima faceta humana. Lo más probable es que, hoy en día, no fuéramos capaces de imitar a Gilgamesh, a Héctor o a Roldán—no sabríamos ni por dónde empezar—. Su antigüedad los sitúa lejos del campo de nuestras experiencias y habilidades éticas y nos obliga a percibirlos como modelos puramente abstractos. Si, en vez de aquellos patrones clásicos, tuviéramos como modelo a Traugutt,[1]

[1] Romuald Traugutt (1826-1864), general polaco, líder del levantamiento de enero de 1863.

al general Sikorski[1] o al padre Kolbe,[2] iríamos mejor orientados en la didáctica del poema. Pero el autor no quiere que sea así. El magnífico dramatismo del verso requiere muchos «espacios de indeterminación», como decía Roman Ingarden. Sólo que los lectores se precipitan a determinarlos... En este punto, los intereses del autor y los de los lectores van en direcciones opuestas.

Y todavía más: «El séptimo ángel», un elogio al ángel Shemquel que es «negro y nervioso» y «fue repetidas veces castigado por contrabando de pecadores», es otro poema excelente y encantador, aunque resulte difícil imaginar a Shemquel, que nos recuerda a un viejo vicario con la sotana raída, pronunciando las palabras: «Sé fiel Ve». No hay sitio para Shemquel en la «Tornada de Don Cogito», o sea que debe buscarse la vida en otra parte. O, pongamos por caso, el poema «Don Cogito y el movimiento de las ideas», cuyo protagonista está presentado como un individuo que piensa poco y despacio, o sea, como un antihéroe. Éste tampoco armoniza con la «Tornada».

¿De dónde proceden, pues, estas tensiones, estas disonancias? En el importante—y sumamente divertido—

[1] Władysław Sikorski (1881-1943), militar y líder político. Luchó con las legiones polacas durante la Primera Guerra Mundial y luego tendría un papel decisivo en la batalla de Varsovia durante la guerra polaco-soviética. Durante la Segunda República, fue rival político del Józef Piłsudski, y durante la Segunda Guerra Mundial, primer ministro del Gobierno en el exilio y comandante en jefe de los ejércitos. Murió en un accidente aéreo en Gibraltar en circunstancias sospechosas.

[2] Maksymilian Maria Kolbe (1894-1941), fraile franciscano conventual promotor de la veneración al Inmaculado Corazón de María que murió voluntariamente en el lugar de un padre de familia en el campo de concentración de Auschwitz. Venerado por la Iglesia católica, fue canonizado en 1982. Considerado por los círculos progresistas como un símbolo de la Iglesia polaca cerrada y antisemita.

poema «El juego de Don Cogito», cuyo tema central gira alrededor de la fuga de la fortaleza de San Pedro y San Pablo protagonizada por el otrora famoso anarquista el príncipe Kropotkin, oímos la confesión del poeta que afirma estar dispuesto a identificarse con «el corcel del carruaje del fugitivo» o con cualquiera, menos con el mismo Kropotkin. ¿Por qué? Porque Piotr Kropotkin encarna un programa, una ideología, mientras que el autor de «Don Cogito» desea conservar su libertad interior. Una cosa es ayudar al fugitivo, y otra muy distinta es adoptar sus convicciones. La poesía de Herbert se escapa sin cesar de la cárcel, de la cárcel de las ideologías, de la fortaleza de San Pedro y San Pablo de las convicciones escleróticas, aunque al mismo tiempo canta las glorias de la fidelidad—sí, es cierto, sólo que la fidelidad no es, no puede ser, una ideología, la fidelidad es más bien una virtud—. Mirándolo bien, incluso las hermosas palabras que cierran la «Tornada de Don Cogito», «Sé fiel Ve», contienen una contradicción remarcable o, en todo caso, una tensión: solemos relacionar la fidelidad con la inercia, con la permanencia en un mismo lugar, mientras que aquí el poeta nos manda ser fieles y al mismo tiempo andar, es decir, cambiar, desarrollarnos, crecer.

Naturalmente, tengo mis poemas preferidos, que son muchos y no sabría enumerarlos todos, de modo que sólo puedo mencionar algunos. Por ejemplo, «Los antiguos maestros», un poema precioso para momentos difíciles escrito como obra moralizante, aunque derivado de la belleza (y, por consiguiente, claramente opuesto a «Rovigo»). Hubo un tiempo en que me gustó mucho «El profe de ciencias»—y, de hecho, este poema sencillo sobre un maestro de escuela de Lvov sigue gustándome—. Y todavía hoy sigo polemizando con mis amigos sobre la importancia de «El treno de Fortimbrás». «Por qué clásicos», un poema programático, aunque la imagen del empapelado que albea «en algún hotelucho sucio» es tan exquisita, tan sugerente, que el lector casi olvida el programa y sólo piensa en la poesía. «A Marco Aurelio», un poema precioso y sobrecogedor que le lanza un reto a la época estalinista. Dedicado a Henryk Elzenberg, contiene un error que el mismo Herbert descubrió y sobre el cual bromeó en una carta dirigida a Elzenberg: las *Meditaciones* de Marco Aurelio fueron escritas en griego y no en latín, como dice el sexto verso del poema. Naturalmente, también «Apolo y Marsias», un poema profundo de varios estratos que en cierta manera cuestiona la estética del autor. «El guijarro», ya mencionado—un poema perfecto en su concisión—. «Carta a Ryszard Krynicki», una reflexión insólita sobre el sentido de la poesía en el mundo contemporáneo. Y huelga decir que también me gusta mucho el poema que en cierto sentido me fue brindado: «Una postal de Adam Zagajewski». Me gusta, y a menudo me pregunto por su significado.

Me gustan muchos poemas del ciclo de Don Cogito, con su ritmo interior que oscila entre la chanza y la seriedad más absoluta. Finalmente, «Nike cuando vacila», uno de los poemas más hermosos de Herbert. ¡Pero si sabemos muy bien que Nike no vacila jamás, que es la diosa de la victoria, vengativa y algo chovinista, una dama de labios finos con la frente no demasiado alta! ¡Si realmente vacilara, sería la patrona de los vencidos! El poeta le prestó algunas de sus propias características—es Herbert quien vacila en muchas de sus composiciones, del mismo modo que los grandes poetas suelen vacilar, deslumbrados por la polivalente riqueza del mundo—. Herbert solucionó a su manera el dilema de cómo luchar contra el mal (todo lector sabe que también de esto va el poema) sin caer en el moralismo didáctico ni sacrificar el misterio de la poesía. Es como un caballero audaz que enarbola en su lanza la oriflama de la poesía libre, y no la de su señor feudal. Matará al dragón, pero el misterio sobrevivirá al lance.

Algo parecido ocurre en muchas composiciones del ciclo de Don Cogito donde el protagonista de Herbert es ora un personaje cómico, desmañado, que camina renqueando por un mundo hostil, ora un heraldo heroico de la vida sublime.

Los grandes poetas nos transmiten algo extraordinariamente importante, algo que no comprendemos, algo que apenas comprendemos, algo que nos mantiene tan intrigados que no podemos abandonarlos. La gran poesía es como un enorme salto de agua cuyo canto resulta incomprensible, pero atrae a las multitudes y atrae nuestra atención. En *La montaña mágica* de Thomas Mann, encontramos la deliciosa escena en la que Mynheer Peeperkorn, aquel rey de la vida, aquel personaje regio y chispeante como el champán, dirige un discurso a una cascada atronadora al presentir el inminente final. Ninguno de sus acompañantes logra captar ni una sola palabra de aquella monserga, pero comprenderla no es lo importante—estamos ante un elemento de la naturaleza que le suelta un discurso a otro—. Así deben de conversar los dioses, entre las nubes, en la niebla, en el arcoíris, sin entenderse. Los lectores de poesía también les hablan a veces a sus poemas preferidos en medio del fragor de una catarata.

Y cuando nos hayamos alejado a cierta distancia de aquel ruido majestuoso, una vez recuperada la calma, recordaremos las palabras de Zbigniew Herbert:

—Los guijarros no se dejan domesticar
hasta el final nos mirarán
con su ojo calmo y clarísimo

Conservemos la medida justa ante esta poesía, no le añadamos señas ideológicas. No escribamos sobre una catarata, no criemos guijarros artificiales.

JULIAN

Leo poemas de Julian Kornhauser de distintas épocas, admiro la violencia de su imaginación y lo tengo delante de mis ojos, tengo al poeta, al muchacho que a veces contempla su imagen en el cristal de un escaparate. Es uno de esos jóvenes en quienes descubrimos, ya a primera vista, que tienen vida interior y por eso parecen algo menos presentes que los atletas, los bailarines, los ingenieros y otros representantes de la humanidad sana y extrovertida. ¡Quién de nosotros no había leído y admirado entonces a *Tonio Kröger*! Sólo que me pregunto cómo lee esta novela alguien que pertenece al sector de los «normales», siempre tan satisfechos consigo mismos—¿es posible que no crucen ni por un instante al otro lado?—. Quizá al leer este libro todo el mundo se considere artista...

Recuerdo perfectamente al joven Julian. Puedo oírlo mientras lee sus poemas durante numerosas veladas poéticas, por lo general ante un público universitario. Son poemas rápidos que vuelan hacia el auditorio como golondrinas. No somos mucho mayores que nuestros oyentes. Puede tratarse del club Pod Jaszczurami[1]—los que pasan allí todo el santo día, desaparecen antes de que empiece la velada poética—, o del club estudiantil de la Universidad de Silesia. O cualquier otro de los templos de la cultura estudiantil de la época, una cultura exuberante y creativa.

[1] Club Pod Jaszczurami ('Los saurios'), club estudiantil situado en la plaza mayor de Cracovia; durante el día, bar con precios algo más módicos que los locales de libre acceso; por la noche, lugar de conciertos de jazz, recitales de canción, concursos poéticos, representaciones teatrales o tertulias.

El grupo Teraz en el estrado.[1] Jerzy Piątkowski suele leer un poema en el que declara su intención de ser mala persona, pero acto seguido tranquiliza a la concurrencia con una declaración que es al mismo tiempo el colofón del poema: «voy a empezar mañana». El público respira aliviado. Wit Jaworski cita a Hegel o a sus seguidores tardíos. Está con nosotros Jerzy Kronhold—durante un tiempo, muchos confunden a Kornhauser con Kronhold—, que lee un poema sobre Palach.[2] También está Stanisław Stabro. Por un momento, se suma a nosotros Tomasz Turowski, un personaje poco simpático que, varios decenios más tarde, protagonizará un escándalo de espionaje.

Julian es alto, delgado, y a menudo derrocha ironía. Sus poemas rebosan energía y fe en la inspiración. Hay poetas que aman el orden, los sonetos regulares y los jardines franceses, que cuentan versos y sílabas, pero Julian prefiere la poesía del desorden, para él, un verso es el momento en que nada encaja en el mundo, la mujer del séptimo piso sacude enérgicamente el mantel por el balcón después del almuerzo, la sirena de una ambulancia aúlla y Goya piensa en los desastres de la guerra en vez de retratar a unos condes gomosos. Sólo que estos momentos son breves, y el Julian lector de sus poemas ya es otra persona, los lee como si le sorprendiera su agitación de hace apenas unos instantes, lee

[1] Teraz ('Ahora'), grupo poético vinculado al movimiento Nowa Fala ('Nueva Ola'), del que formaban parte poetas como Julian Kornhauser, Stanisław Stabro, Jerzy Kronhold, Jerzy Piątkowski, Wit Jaworski o el propio Adam Zagajewski. Propugnaba la necesidad de que la poesía se implique en la sociedad, en la realidad del momento, liberándose de toda metáfora o artificio.

[2] Jan Palach (1948-1969), estudiante checo que se quemó a lo bonzo en protesta contra la intervención militar soviética durante la Primavera de Praga.

con calma la poesía violenta, lo que produce un efecto excelente que no es tanto la *Verfremdung* de Brecht, el distanciamiento, como una sensación de asombro e indulgencia consigo mismo. Como poeta, es un revolucionario, como lector de poesía de vanguardia, se convierte en poco menos que un conservador. Un contable que lee un manifiesto romántico. Un tenedor de libros que no son de contabilidad.

Sin embargo, no todos los días hay una velada poética: entre una y otra, pasan semanas. Y, entretanto, cada uno de nosotros se dedica a sus aburridos y rutinarios quehaceres. Julian es eslavista, estudiante, luego profesor adjunto y, mucho más tarde, catedrático. Viajará a menudo a los Balcanes. Se especializa en literatura serbocroata que, de resultas de la guerra civil en la antigua Yugoslavia, se desmembrará en dos literaturas y el nombre compuesto desaparecerá. Yo estoy a punto de terminar mis estudios de filosofía, pero, en el fondo, no me los tomo muy en serio—o tal vez es la filosofía la que no me toma en serio a mí—. Durante un tiempo, finjo estar preparando la tesis doctoral. En clase, leo los ensayos de Leszek Kołakowski a mis estudiantes.

De vez en cuando, sobre todo en primavera o en verano, damos paseos interminables por las calles de Cracovia. Estamos a fines de los sesenta, principios de los setenta. Por aquel entonces, Julian vive en la calle Batorego (en Cracovia, hay que decir «*junto a* la calle»), y yo en Urzędnicza; nos separan apenas medio kilómetro de raíles de tranvía, algunos colmados, una pescadería, las oficinas del Servicio de Seguridad, la antigua sede de la Gestapo, la plaza Inwalidów y la estafeta de correos de la esquina de las calles 18 Stycznia—ahora Królewska—y Urzędnicza.[1] Cracovia

[1] Al autor se le ha escapado un pequeño anacronismo: la plaza en

es de color gris, la Plaza del Mercado está desierta y aburrida, los policías con sus uniformes azulados nos miran con recelo, también aburridos por ese turno tan poco dramático que les ha caído en suerte. No podemos saber que un día Cracovia cambiará, que la Plaza del Mercado cambiará, que el país cambiará, que la ciudad se animará—incluso demasiado—y que por la calle se oirán distintas lenguas, desde el italiano hasta el japonés.

¿De qué hablábamos durante nuestros paseos? Básicamente de poesía. De Grochowiak, de Różewicz, de manifiestos y teorías poéticas. Quedaremos maravillados con la traducción de unos poemas de Gottfried Benn que Witold Wirpsza publicará en su libro *Gra znaczeń* ('Juego de significados'). Polemizamos sobre T. S. Eliot. Analizamos —esto tal vez fuese más tarde—el sensacional ensayo de Jan Błoński *Bieguny poezji* ('Los polos de la poesía'), donde contrapone a Miłosz con Przyboś.[1] Poco sabemos de Miłosz por aquel entonces. Discutimos sobre Herbert—seguro que Julian también asistió al encuentro con el poeta que tuvo lugar en nuestro instituto—. Se muestra algo escéptico para con el autor de «Inscripción». Yo lo defiendo. Una amiga de mis padres—de la época de Lviv, naturalmente, casi no tienen otros amigos—sostiene que, de pequeña, había jugado con el pequeño Zbigniew.[2] Una infor-

---

cuestión se llamaba entonces Wolności. Recuperó el nombre de Inwalidów cuando la calle 18 Stycznia pasó a llamarse Królewska.

[1] Julian Przyboś (1901-1970), ensayista, traductor y poeta, uno de los miembros del grupo literario Awangarda Krakowska ('Vanguardia Cracoviana') entre los años 1922 y 1927.

[2] La familia de Adam Zagajewski vivía en Lviv (actualmente Ucrania) hasta que en 1946 fue desalojada por las autoridades soviéticas y trasladada a Silesia. Zagajewski tenía apenas un año. Zbigniew Herbert también nació en Lviv, donde vivió hasta 1944.

mación sensacional. Cuando la comparto con mis colegas, me miran con cierto recelo, como si yo fuera un traidor, un traidor potencial a mi generación. Los poetas jóvenes—ocurre a lo largo y ancho de este mundo—se comportan durante un tiempo como los adeptos de una secta secreta. Sólo confían en sí mismos, rechazan a los mayores, se dan cita en las catacumbas de las cafeterías. Por suerte, esto no suele durar mucho, el tiempo no neglige sus deberes y los poetas jóvenes se convierten pronto en poetas de mediana edad y, luego, en poetas viejos.

En verano de 1970, nos vamos de vacaciones a Bulgaria con un grupo nutrido de compañeros. Unas vacaciones modestas: viajamos una eternidad en tren; por el camino, nos apeamos en Budapest y en Bucarest para visitar durante unas pocas horas, si bien muy intensas, las dos capitales, que nos parecen hermosas ciudades meridionales—aún falta mucho tiempo para que Józef Czapski me cuente la anécdota de la francesa que, después de visitar la exposición de un artista húngaro o rumano en la galería Lambert, preguntó a modo de despedida: «Muy bien, pero ¿podrían decirme ustedes por qué cambian continuamente el nombre de su capital? Tan pronto se llama Budapest como Bucarest...»—.

Durante aquella estancia en la costa del Mar Negro, aparece de repente entre los bungalows del camping una pandilla de funcionarios políticos vestidos—¡cómo no!—, a pesar del bochorno agosteño, con traje y corbata y encabezados por el inconfundible Todor Zhivkov, uno de aquellos dirigentes de las democracias populares, un tirano. ¡He aquí una experiencia hasta cierto punto típica de la Nueva Ola!

¿Éramos de izquierdas? Indudablemente, aunque sólo en teoría y porque no conocíamos otra cosa. «En las fábricas fingimos ser tristes revolucionarios»,[1] pero, a decir verdad, no conocíamos las fábricas, sólo las bibliotecas. En aquella época, en la prehistoria de la evolución de nuestra espiritualidad, tal vez fuéramos más bien anarquistas. Sin embargo, lo que nos apasionaba realmente era la poesía, no la política. Recuerdo cómo nos hizo reír uno de los visitantes procedentes de Occidente—hoy ya no sabría decir de quién se trataba—que, en el curso de una conversación, admitió haberse entrevistado con Władysław Machejek, uno de los dignatarios del *establishment* del partido comunista en Cracovia. Por lo que nos contó, al preguntarle por nosotros, los «poetas jóvenes», Machejek le había contestado con desprecio: «Ah, ésos son trotskistas». ¡Por el amor de Dios! ¿Trotskistas? ¡Pero si nosotros casi no sabíamos con qué se comía aquello, y mucho menos en Cracovia!

Los dos vivimos la experiencia de los tempestuosos días de marzo de 1968, aunque lo hicimos por separado. Diría que aún no nos conocíamos. Hablando de fábricas: en aquellos días, yo me dedicaba a redactar octavillas que exhortaban a los obreros a sumarse a los estudiantes y a su revuelta, e intentaba distribuirlas en los lugares adecuados—o, mejor dicho, en los lugares que me lo parecían—. Creo que Julian hacía otro tanto.

Sin embargo, las etiquetas políticas nos traían sin cuidado, aunque no hay duda—y eso se pone de manifiesto en los poemas de Julian—que seguíamos fascinados por la revolución artística que significó el modernismo, por el París que vio pasear a Picasso y a Cendrars. Y a Apollinaire.

No frecuentábamos el cabaré Piwnica pod Baranami, media generación mayor que nosotros, pero creo que, a pe-

[1] Alusión al título de un volumen de poesías de Julian Kornhauser publicado en 1973.

sar de que nos sentíamos atraídos más bien por la seriedad y no éramos demasiado partidarios de la broma, de pasarlo en grande, paradójicamente, había ciertos vínculos que nos unían, a saber, la tentativa o la necesidad de olvidar lo peor, la guerra y el Holocausto, aquellos acontecimientos apocalípticos que, en cualquier caso, no habríamos sabido asimilar (¿quién es el guapo que sabe?). Sin embargo, notábamos la presión del reblandecido y molesto totalitarismo de la Polonia Popular que nos hacía la pascua casi a diario y se había convertido en nuestro tema. Para Piwnica, probablemente el paraíso era la Gran Poesía de distintas épocas, combinada con el Humor. La poesía y la bufonada (y, claro está, la música). Para Julian, la revolución artística del modernismo. Para mí, no lo sé, uno no sabe casi nada sobre sí mismo. Y tampoco tiene ganas de darle muchas vueltas al asunto. No nos dejábamos caer por Piwnica también porque, sin ser críticos con ella, inconsciente o casi inconscientemente habíamos escogido un camino distinto, un camino donde el Humor no desempeñaba un papel tan importante.

Muchas cosas nos unían y nos unen: ambos éramos nuevos en aquella ciudad antigua. Para los cracovianos de toda la vida, no debíamos de ser más que sombras, unos jovencitos que, terminados los estudios, meterían en la maleta el diploma de la Universidad Jaguelónica con cuidado y no sin cierto orgullo y regresarían a su Nowy Sącz, Grzybów, Dębica o Tarnów natal sin haber dejado ninguna huella en la capital de la Polonia Menor. Pero nosotros veníamos de Silesia, de Gliwice, y no de Grzybów o Dębica. Habíamos estudiado en el mismo instituto de Gliwice, el Rymer, aunque Julian era un año más joven y estaba un curso por debajo y por eso no nos conocíamos, a pesar de que algunas materias las impartían los mismos profesores. Teníamos grabada en la retina la imagen de los mismos muros prusianos de nuestra escuela, los muros rojizos de la época de Bismarck. Sólo que el arte de la construcción prusiano, sólido y responsable, no sabía distinguir bien las escuelas de los cuarteles o las fortificaciones. Aquí y allá se utilizaban los mismos ladrillos apelotonados de color rojo oscuro, aquí y allá los lóbregos pasillos estaban enclaustrados en la estrecha perspectiva de las paredes recubiertas de una emulsión pardusca. Convertir una escuela en cuartel no daba mucho trabajo: bastaba con substituir los pupitres de las aulas por catres metálicos y utilizar aquéllos como combustible. Las paredes oscuras parecían decir: «Nada de sueños, señores», por citar al zar Alejando II.[1] Al fin y al cabo, las paredes de una escuela tienen que poseer cierta erudición.

Nos veíamos a menudo en la calle Krupnicza, 22, en la sala de la planta baja del edificio que, por aquel entonces, era propiedad de la Unión de Escritores. Todos los viernes, se reunían allí jóvenes escritores, poetas y prosistas. Tres grupos poéticos discutían porfiadamente: el Tylicz, el 848 y el Teraz. Grandes debates: «¿Seguro que esta metáfora es lícita?». «¿Acaso esta hipérbole no estropea el poema?». Al otro lado de las ventanas, una nevada o la calorina del mes de mayo, pero, en el interior, en el salón donde hoy en día se sirve únicamente comida vegetariana, nadie le hacía caso a la vulgar meteorología.

En 1976, pocos años después de los primeros arrebatos de nuestra amistad poética—unos años que habían hecho cambiar muchas cosas: ya no éramos frívolos ni libres como un sueño—, nos instalamos en el mismo edificio de diez

[1] Alusión a las palabras «*Point de rêveries, messieurs!*» que el zar pronunció en 1856 en Varsovia en un discurso dirigido a los representantes de la nobleza polaca, cortando así toda esperanza de conseguir cierta autonomía para las tierras polacas anexionadas por Rusia.

plantas, en un bloque, como decía y sigue diciendo la gente, «junto a» la calle Chrobrego 29, Julian en la planta baja, y yo en el décimo piso. De vez en cuando (no muy a menudo), yo podía avistar los Tatra desde las ventanas, pero los días de cada día sólo veía el cementerio Rakowicki, que queda mucho más cerca, mientras que Julian contemplaba los árboles que poblaban los márgenes del Biały Prądnik. Nos habíamos casado, se acercaba la edad madura o al menos el ansia de que llegara, y llamaba a nuestra puerta el arduo período de disidencia, de firmar cartas de protesta y hacer difíciles elecciones políticas y personales. Todo parecía indicar que había empezado la vida de verdad. Todo cambiará, pensábamos. Todo será igual, intuíamos.

LA MEMORIA DE LO DESCONOCIDO

¿Qué significa crear un mundo propio? Los críticos literarios suelen abusar de esta categoría. Sin embargo, hay casos en que debemos concederles la razón.

Empecemos por Sanok, esa pequeña ciudad en el sudeste de Polonia. Por sus alrededores, se extienden suaves colinas y, un poco más lejos, una sierra algo más alta. La ciudad, rodeada de un paisaje hermoso, tiene una larga historia—el fuero municipal le fue concedido en 1339—. Antiguamente, hubiésemos dicho que está «cerca de Lwów». Varios hilos unían a Sanok con Lviv: Sanok estaba en su órbita. Desde que se trazó entre las dos ciudades la frontera que hoy separa Polonia de Ucrania, Sanok se quedó huérfana.

Janusz Szuber es de allí, de Sanok. Allí nació y allí vive. Y allí han vivido muchas generaciones de su familia.[1]

Janusz Szuber busca lo que no existe. Le interesa uno de los mayores enigmas habidos y por haber, la pregunta que todos nos planteamos de vez en cuando. Porque parece radicalmente imposible que una cosa que existió alguna vez, algo que fue «normal y corriente», cotidiano e incluso abundante, ubicuo y evidente, es decir, triunfal y banal a un tiempo, de pronto haya desaparecido por completo, totalmente. Que el pasado se haya desvanecido sin dejar rastro. Que hayan desaparecido las nieves de antaño. Que no haya quedado rastro alguno de miles, ¡qué digo, miles!, de millones de personas. Y que la tierra se haya tragado tam-

[1] Janusz Maria Szuber (1947-2020), poeta y ensayista polaco.

bién la mayor parte de los objetos que las acompañaron a todas horas y les permitieron vivir, transitar con más seguridad y comodidad desde la infancia hasta la vejez. Sus ropas no están, sus paraguas no están, sus perros y sus gatos tampoco están. Sólo quedan—y no siempre—las casas, los muros, los palacios y los establos. Queda un reloj estropeado, un cortaplumas herrumbroso, una sartén vieja. Queda la arquitectura. Y el papel amarillento de periódicos y cartas antiguas.

En un enfoque más radical, esta pregunta se refiere a los lugares destruidos por catástrofes, sean éstas naturales, como los terremotos o las erupciones de los volcanes, o causadas por el hombre: en este caso, se trata de ciudades sometidas brutalmente al exterminio o «por lo menos» a un proceso de limpieza étnica, como Lviv, por ejemplo, pero también Gdańsk o Wrocław. Pero también se refiere a ciudades como Sanok, donde, si no tenemos en cuenta el Holocausto—aunque ¿quién es el guapo que puede pasarlo por alto?—, el reemplazo de vecinos ha sido debido a un proceso hasta cierto punto natural, regulado por la parsimoniosa crueldad del calendario.

Hay varias categorías de memoria: recordamos a los nuestros que se han ido de este mundo, recordamos los acontecimientos vividos—momentos extraordinarios, pero también del todo ordinarios—. Recordamos las facciones de nuestro profesor de física, algunos días señalados y los momentos más sublimes de nuestra vida sentimental. No logramos olvidar nuestros fracasos. Sabemos que Marcel Proust atribuía gran importancia a la memoria espontánea (*involontaire*), diferente de la memoria que somos capaces de controlar y que—por regla general—nos obedece. Esta primera memoria, la incontrolada, es la que puede originar una obra de arte, siempre que las vivencias antiguas que haya evocado estimulen nuestras emociones y pongan en movimiento nuestra imaginación. Esta clase de memoria está emparentada con la inspiración.

Por otro lado, hoy en día los neurólogos hablan de «memoria declarativa», es decir, aquella que somos capaces de manejar y que, en condiciones normales, tenemos a nuestra disposición. Sin embargo, paradójicamente existe también otra clase de memoria, la memoria de lo que no hemos conocido nunca. Ésta todavía no ha sido bautizada. En cierto sentido, se trata de la memoria de la civilización, de un mundo que se renueva de generación en generación para sumirse después en la nada, que brota con el primer vagido del recién nacido y acaba entre monótonas homilías fúnebres, aunque luego todavía acostumbra a ser objeto de miradas nostálgicas y de descripciones de los que nacieron demasiado tarde: historiadores, anticuarios y poetas.

En esto, resulta muy útil algo que podríamos denominar «regionalización»: al ser éste tan variopinto y proteico, se hace difícil extender a todo el globo terráqueo intuiciones relacionadas con una fase del mundo ya consumada. Y, de repente, algo que podría ser considerado una limitación se convierte en un gran valor: las elegías de Szuber no se refieren al planeta entero, a toda Europa, a toda Polonia, sino a la Galitzia de antaño y, en ella, a la pequeña y orgullosa ciudad de Sanok emplazada entre colinas.

Es posible cuidar y cultivar esta memoria de una forma anodina, inofensiva, coleccionando postales antiguas, sellos, fotografías y álbumes. Pero también podemos—y esto es lo que ocurre en los poemas de Janusz Szuber—aceptar con denuedo un reto de naturaleza filosófica e intentar devolverle la vida a algo que no hemos conocido nunca.

Janusz Szuber es un maestro de esta clase de memoria, la memoria de lo desconocido.

EL EQUILIBRIO

La biografía de Tomas Tranströmer no abunda en acontecimientos extraordinarios. No es uno de esos autores que ha cazado leones, participado en expediciones guerreras o conquistado las cumbres de las montañas más altas del mundo. Lo único que puede captar la mirada de un lector deseoso de sensacionalismos son menciones esparcidas en testimonios de los amigos del poeta, como: «Fuimos a visitar a Tomas en la cárcel». Sin embargo, el lector en cuestión no tardará en descubrir que la cárcel era el lugar de trabajo de Tranströmer: psicólogo de formación, estaba contratado en un centro penitenciario, donde a veces recibía las visitas de los amigos, aunque cada día y a la hora de rigor regresaba al mundo de las personas libres o, al menos—vamos a ser prudentes—, de las que no están bajo arresto o encerradas en un campo de concentración.

En Suecia, lo acompañaba desde hacía mucho la leyenda de ser un autor poco prolijo que publicaba a un ritmo lento, aunque relativamente acompasado. Cada cinco años más o menos, aparecía un tomo nuevo con sus poemas. En cambio, la obra en prosa brillaba por su ausencia.

Desde mediados de los sesenta y, más aún, a caballo entre los sesenta y los setenta, cuando una generación con un fuerte sentimiento de misión política, la generación que había adoptado como suyos los postulados de la revuelta estudiantil de 1968, tomó las riendas, Tomas Tranströmer fue atacado a menudo por otros poetas, así como por parte de la crítica literaria, al ser acusado de no haber modificado en lo más mínimo su poética bajo la influencia de las emociones izquierdistas del 68 y seguir escribiendo poemas difíciles fieles a su estilo, a una búsqueda con miras a toda una vida. Andando el tiempo, sin embargo, incluso sus adversarios del pasado tuvieron que llegar a la conclusión de que era él y no sus detractores de entonces quien tenía la razón…

Volvamos por un instante a su biografía exterior: Tranströmer viajaba mucho, pero todo parece indicar que sus viajes tenían un carácter turístico o cultural y, en el hipotético caso de que fueran poéticos, esta faceta solía permanecer oculta bajo la decorosa apariencia de la típica excursión de un occidental de clase media. Sea como fuere, los ecos de aquellas salidas resuenan varias veces en la poesía de nuestro autor.

Empezó a ser traducido a otras lenguas bastante pronto y también se ganó pronto una reputación de gran poeta, por ejemplo, en Estados Unidos, donde tenía muchas amistades y a menudo era el protagonista de veladas poéticas. Su primer sacrificado traductor y seguidor incondicional fue el conocido poeta Robert Bly.

Y esta cuestión resulta interesante, porque Tranströmer no es ni de lejos un poeta fácil y sus poemas se le resisten incluso al lector mejor predispuesto. Sin embargo, disponemos de una prueba empírica de que su poesía no es hermética. Esta prueba es su considerable popularidad, una popularidad sin duda restringida a un estrecho círculo de adeptos a la poesía, pero ¡en cuántos países y cuántas lenguas!

Finalmente, puestos a hablar de la vida del poeta, hay que mencionar también su dramática enfermedad: en 1990, sufre un derrame cerebral y, desde entonces, pierde la capacidad de hablar y gran parte de la movilidad, aunque conserva intacta la substancia intelectual. También publica menos y recurre más a menudo a formas muy breves. No obstante, pasado el período de adaptación a esta desgracia, vuelve a la vida activa y ni siquiera renuncia a los viajes (literarios). En este punto, estamos obligados a mencionar el papel de su esposa, Monika; y, por desgracia, también estamos obligados a hablar en pasado: Tomas Tranströmer murió en marzo de 2015.

El poeta cracoviano Józef Baran dijo de su poesía que, a diferencia de la mayoría de nuestros poetas más destacados, Tranströmer no polemiza con nadie ni es el abanderado de ninguna campaña contra ningún enemigo manifiesto u oculto. En su momento, me chocó el acierto de esta observación. Los lectores polacos educados con Miłosz, Herbert y Szymborska deben de tener grandes problemas para comprender y aceptar el estilo de la poesía del premio nobel sueco. Incluso podríamos aventurar la tesis algo jocosa —dando por sentado que en ningún caso puede substituir una lectura más profunda— de que estamos ante un poeta de un país neutral para quien el acto de escribir poemas no tuvo nunca —no lo necesitó— el carácter de lucha por un indispensable espacio de libertad personal y política, como sí fue el caso de muchos poetas polacos y no sólo polacos.

Pero ¿qué significa en el fondo ser un poeta de un país neutral? Esto requiere una aclaración. Por un lado, hay una cosa obvia: Suecia, la patria de Tranströmer, ha tenido la suerte de no haber conocido lo que denominamos totalitarismo y que, en la vida cotidiana, se manifiesta mediante la enojosa presencia de ideas degradadas y del afán de eliminar todas las demás. Es por eso por lo que Miłosz, Herbert y Szymborska —vuelvo a recurrir a estos nombres célebres un poco a modo de *pars pro toto*, ya que la lista podría ser mucho más larga— tuvieron que construir su poesía sobre el rechazo al paisaje ideológico con el que se encontraron. En cambio, parece que el fundamento de la poesía de Tranströmer sea la calma, la calma de la meditación, una calma filosófica. E insisto: no quiero que se me malinterprete. En absoluto pretendo decir que el elemento trágico no tenga cabida en estos poemas o que su autor se dedique a presentar una visión bucólica del mundo como paraíso terrenal, el jardín del edén sueco. No es eso. Me refiero a la «base» de su universo poético, al punto de partida, al *arché* de los filósofos. Para Tranströmer, este punto de partida es la contemplación, algo estático, la contemplación de un mundo donde hay muerte y sufrimiento, esto es una realidad inamovible, pero también momentos de belleza, alegría y emoción, y ninguna ingeniería social logrará cambiar eso.

Y tampoco es que el poeta «neutral» prescinda de todos los valores: también hace una campaña axiológica implacable, sólo que más discreta, no tan ostensible como la de los poetas polacos, pero no menos encarnizada. Al final de uno de sus poemas más conocidos, «Vermeer», Tranströmer afirma:

> El cielo claro se ha apoyado en la pared.
> Es como una oración al vacío.
> Y lo vacío vuelve su rostro hacia nosotros
> y susurra
> «Yo no estoy vacío, sino abierto».[1]

Y en el poema siguiente, «Arcos románicos», encontramos este verso final: «y dentro de todos ellos se abría bóveda tras bóveda, interminablemente».

He aquí los signos de una afirmación delicada, la expre-

[1] Traducción de Roberto Mascaró.

sión del convencimiento del autor de que el mundo posee una gran riqueza, o tal vez deberíamos decir: «una riqueza en potencia». Y es también un credo poético—discreto, como siempre en Tranströmer—, así como un rechazo al nihilismo.

En mi opinión, uno de los poemas más interesantes de Tranströmer es «Con el arroyo», del volumen *Visión nocturna* de 1970, es decir, del período en que el poeta era sometido a una crítica severa por parte de los autores que reivindicaban el compromiso social y político de la literatura.

He aquí cómo Tranströmer establece el contacto con la realidad de los conflictos cotidianos: de una manera muy diferente de lo que querrían aquellos activistas, pero ¡cuánto más ingeniosa!

A continuación, reproduzco un fragmento del poema:

Donde más fuerte es la corriente,
como allí donde el arroyo se angosta y va hacia el otro lado
del chorro—lugar donde hice un alto
luego de un viaje a través de bosques secos

una noche de junio—; el transistor da lo último
de la sección extraordinaria: Kosygin, Eban.
Algunos pocos pensamientos me taladran, desesperadamente.
Algunos pocos hombres están lejos del pueblo.[1]

Abba Eban fue un ministro de asuntos exteriores israelí, y tal vez no haga falta recordar—por lo menos en Polonia—quién era Alekséi Kosyguin. Los dos políticos se enfrentaron en la sede neoyorquina de la ONU en junio de 1967, nada más terminar la guerra de los Seis Días.

Esta irrupción de la fiebre mediática en la poesía de Tranströmer resulta enormemente interesante e insólita;

[1] Traducción de Roberto Mascaró.

por un lado, tenemos la imagen de un día de junio en la tranquila campiña sueca, la imagen de la naturaleza y de la excursión del narrador; por el otro, aparece de golpe y porrazo y sin que nadie lo espere una instantánea del conflicto que sacudía el mundo por aquel entonces.

Y, luego, el final del poema:

> Vi oí desde el puente colgante
> en una nube de mosquitos,
> junto con algunos muchachos. Sus bicicletas
> enterradas en el verde—sólo los cláxones
> sobresalían.

Como sucede a menudo en Tranströmer, lo más importante acontece en la metáfora, en la imagen. En este caso, se trata de la imagen de un objeto de uso cotidiano, un objeto común y corriente, domesticado: las bicicletas «enterradas en el verde»—el verde de junio, que es el más lozano—obedientes a los muchachos, probablemente jóvenes del pueblo. Pero la imagen de los cuernos,[1] es decir, el manillar de la bicicleta, traslada de golpe y porrazo la violencia del conflicto del Oriente Medio a la idílica aldea sueca. La violencia y la agresión están por doquier; aquí también, sólo que duermen enterradas, aunque no eliminadas.

Y me parece que el gran mérito de la poesía de Tranströmer es precisamente esta actuación poética a través de la imagen y de la metáfora, libre de cualquier narración superflua o prescindible formulada en la lengua que gastaba

[1] Roberto Mascaró optó por traducir la palabra sueca *hornen* como 'cláxones', uno de los significados posibles. Sin embargo, muchos traductores a otras lenguas, el polaco incluido, la traducen como 'cuernos', y Zagajewski se basa en esta imagen.

el señor Jourdain de la comedia de Molière. Sin embargo, hay que subrayar que tampoco cae en el extremo opuesto: no renuncia del todo a la narración directa, gracias a lo cual el lector tiene acceso a la alquimia del verso. A diferencia de—pongamos por caso—el Celan tardío, Tranströmer no nos cierra de un portazo la entrada al laberinto del poema.

La poesía se caracteriza por el equilibrio, por un compromiso creativo entre dos elementos contradictorios, la música y el pensamiento, donde la música tiende a redondear el verso, a dotarlo de un ritmo claramente marcado, mientras que, a base de preguntas, el pensamiento introduce el elemento del *staccato* entre la imagen y la noción, entre la seriedad más profunda y la ironía juguetona. Dicho de otra manera, la poesía auténticamente lograda, excelente, es una especie de desfile en el que participan todos los atributos de lo humano—algo así como el desfile de St. Patrick's Day en Nueva York—. Tranströmer es un poeta que ha sabido aprovechar a las mil maravillas las tensiones de este complicadísimo sistema, de esta magnífica máquina orgánica que es capaz de fabricar relámpagos o imitar el vuelo y el gorjeo de los pájaros, que llora y que ríe, que se despide de los difuntos y bendice a los recién casados.

C.K. WILLIAMS

El 20 de septiembre de 2015, murió en Hopewell (New Jersey), tras una larga enfermedad, C. K. Williams, un poeta destacable. Había nacido en 1936. Los lectores polacos lo conocen a través de las traducciones de Maja Wodecka; la editorial a5 sacó a la luz el volumen *La vigilia* (*The Vigil*), y la revista *Zeszyty Literackie* ('Cuadernos literarios') ha publicado poemas suyos en varias ocasiones. Seguramente, algunos de los habitantes de Cracovia lo recuerdan también de las veladas poéticas organizadas en esta ciudad en el marco del seminario «Americanos en Cracovia»—un hombre alto que leía sus poemas a las mil maravillas, con mucha energía y un enorme convencimiento—. En efecto, era un tipo muy estadounidense, aunque su abuela, la señora Grabowiecka, hubiese nacido en Lviv (¡al nieto le decía que había llegado a Estados Unidos procedente de Austria!).[1] Como ocurrió con miles de inmigrantes, a las puertas de Nueva York, en Ellis Island, le cambiaron el apellido que resultaba demasiado largo y difícil de pronunciar.

Era el típico estadounidense, estadounidense-judío (su debut poético lleva el título de *A Day for Anne Frank*), pero también era europeo. Hay poetas en Estados Unidos que se limitan a su «americanidad» y lo hacen conscientemente; Europa los intimida, el pluralismo cultural los inquieta y las lenguas extranjeras les parecen instrumentos de tortura. Charles era diferente. Vivió un tiempo largo en París, con-

[1] Hasta el final de la Primera Guerra Mundial, la ciudad de Lviv formaba parte del Imperio austrohúngaro.

sideraba esta ciudad como su hogar, hablaba francés—tradujo a Francis Ponge—y, a la hora de la merienda, le gustaba dejarse caer por una pastelería para pedir «*un financier, s'il vous plaît*» (el *financier* no es un banquero, sino un pastel de almendras). No sólo le interesaba Francia, también seguía la poesía de otras muchas lenguas y naciones. Sé muy bien que fue uno de los que quedaron profundamente impresionados por la antología de poesía polaca publicada en 1965 por Czesław Miłosz (*Postwar Polish Poetry*). A partir de entonces, la poesía polaca pasó a formar parte de su canon de lectura, y Miłosz ocupaba una posición privilegiada en su panteón personal.

No era un poeta lírico, aunque escribió bellos poemas dedicados a su esposa Catherine, que fue el amor de su vida. Le fascinaba el desorden del universo humano, el caos de Estados Unidos; sus versos pretendían introducir un método en aquel elemento. Era moralista, pero no un moralista de despacho, sino experimental, empírico. No se parecía en nada a aquellos que se limitan a condenar sin poner un pie fuera de la biblioteca ni ensuciarse las manos. Pasó la infancia en Newark (New Jersey). Conoció suburbios, pequeñas ciudades, parques y aparcamientos, conoció Nueva York y Filadelfia, París y Boston, impartió clases en la George Mason University de Fairfax (Virginia) y luego, durante muchos años, en Princeton. Solía dividir su tiempo entre Princeton y Francia.

Estaba familiarizado con los grandes museos, era un buen conocedor del arte, amaba la música. Si ésta no fuera una categoría poco precisa y muy sobada, me atrevería a decir que era un poeta verdaderamente moderno. Su ídolo era Walt Whitman, de quien sabemos que le gustaba andar durante horas por Manhattan, mirar, y apuntar lo que había visto. Charles también deambulaba por nuestro mundo, y más de una vez paseamos juntos por las calles de París en busca de una fórmula secreta e imposible de encontrar que permitiese aprehender a un tiempo tanto los lienzos de Rembrandt como aquellos callejones de mala muerte de Nueva York, donde buscan clientes los camellos, tanto las salas de concierto parisinas como las gasolineras abiertas las veinticuatro horas, donde, por la noche, los empleados tienen que atrincherarse en sus minúsculas oficinas. Era como si pretendiera abolir la no muy inteligente distinción académica entre lo supremo y lo ínfimo. A él, Charles, le apasionaba no sólo la tragedia clásica griega, sino también la jerga de los jóvenes estadounidenses que intentaban expresar su rebelión con el hiphop.

Daba clases de *creative writing*, y era un profesor concienzudo y atento: he conocido a muchos poetas jóvenes que guardan muy buen recuerdo de aquellos talleres.

Se ganó renombre con su poética, con sus poemas de verso largo. Su fuerte no era la metáfora, tampoco el símil, sino la estructura maciza y congruente de las estrofas. Sus versos parecen de hierro forjado, no tienen nada de efímero ni de volátil, los adjetivos y los sustantivos marchan como legiones romanas. Algún detractor suyo podría decir: aquí todo está negro sobre blanco, no hay espacios vacíos, no hay sorpresas (y sería verdad, Williams parecía decir «demasiado», repetía epítetos, acumulaba sinónimos, aborrecía los sobrentendidos, pero—¡cosa extraña!—aquellas hipérboles creaban una cualidad nueva y magnífica, un sobrentendido nuevo). Aquél era su secreto, el arcano alquímico de una retórica que se convertía en poesía.

Era un realista en busca de justicia, que «rendía justicia al mundo visible»,[1] pero también al invisible, porque per-

[1] Alusión a las palabras de Joseph Conrad.

cibía tantos enigmas y tropezaba con tantos secretos que no podía limitarse a lo palpable. Para él, el punto de inflexión fue el poemario *Tar* (1983), es decir, 'brea'. Allí aparece un poeta de estilo maduro, una voz que seguiría perfeccionándose durante varios decenios. El joven Williams era un poeta de la ira—una vez escribió un verso con el estribillo «*It stinks, it stinks, it stinks*» ('Apesta, apesta, apesta')—, una ira que armonizaba con la atmósfera de los años sesenta y la campaña contra la guerra de Vietnam. Después, sin embargo, la voz del poeta evolucionó. Siguió siendo crítico, pero la ira se transformó en una gran curiosidad por el mundo, en empatía para con el prójimo, en una poesía de contemplación atenta y compasiva.

En «The singing», el poema que da el título al volumen entero, Williams, un poeta formado en el seno de la generación que condenaba los pecados estadounidenses, empezando por el racismo, no se ha vuelto racista en absoluto —¡Dios nos libre!—, pero constata apesadumbrado y de una manera conmovedora la imposibilidad de entenderse con un joven artista (o casi artista) negro. La amarga sabiduría había ocupado el lugar de la ira.

Su nombre se barajaba entre los de los poetas más grandes de los Estados Unidos contemporáneos, fue galardonado con los premios estadounidenses más importantes y, para su gran alegría, en el año 2000 recibió el Pulitzer.

¿Cómo nos conocimos? Un día de enero de 1986, en Nueva York, varios meses después de la publicación de mi primer libro en Estados Unidos, Charles se me acercó, se presentó y dijo: «Seremos amigos». Y lo fuimos, hasta el final.

GLOSAS SOBRE EL PUÑO DE LA CAMISA DEL MUNDO

Los poemas de Michael Krüger son delicados y se caracterizan por una oficiosidad encantadora, implacable y—nos sentimos tentados a decir—intransigente. No están hechos de acero ni de mármol, sino de seda—pero de seda de la auténtica, fabricada por mariposas y no por ingenieros químicos—. Hablamos de las antípodas de la retórica de un Mayakovski o un Brecht, pero también de otros poetas totalitarios y antitotalitarios a los que, por un momento, les pareció ser los maquinistas del tren de la historia—o sus guardafrenos—y creyeron que su pluma era una especie de espada sumergida en una mezcolanza de tinta y sangre, un cóctel parecido al Bloody Mary o al sombrero de Mólotov.[1] En esta poesía, no hay nada de eso. No encontraremos en ella ningún ataque contra nada ni ninguna defensa de nada. El pacifismo puede ser beligerante, pero no el de estos poemas.

Parece que los poemas de Michael Krüger acontezcan en ninguna parte, o tal vez allí donde ninguna parte se sentiría a sus anchas: en el lindero de un bosque, en un jardín bajo una morera, en la imaginación, en una huerta abandonada, en lugares imposibles, debajo de una telaraña, en la jaula de un loro, un domingo más bien que un lunes, en un pueblo pequeño o en un suburbio lejano y no en la capital de algún país,

[1] Alusión a las palabras del filósofo marxista y político francés (y agente del KGB) Alexandre Kojève, que veía en el sombrero tejano de Mólotov el símbolo del futuro de Europa.

en las colinas de Pescia
donde una gata ciega
proclama la nueva de la Buena Totalidad.

Acontecen en ninguna parte, pero esta ninguna parte es muy concreta, el lector no se queda con la impresión de estar ante lo abstracto, ante un lugar delimitado tan sólo por la especulación. No es así. La minuciosa sensualidad de esta poesía resulta obvia. Su «ninguna parte» está siempre tan bien definida que un cartero no tendría problema alguno para entregar el envío.

Estos versos son modestos, mórbidos y hermosos. Como suele ocurrir, necesitamos un rato de concentración, o tal vez una docena de ratos, para aprehender su belleza, y también la originalidad que deriva de su «marginalidad». Son glosas, comentarios escritos sobre el puño de la camisa del mundo. Adivinamos que, en algún lugar de entre aquellos versos, suceden cosas muy importantes y ensordecedoras, que algo revienta, algo explota, algo se desgañita, pero esto no sucede aquí; aquí descansamos del ruido; aquí aquel guirigay molesto resulta apenas audible, está amortiguado como si penetrase a duras penas a través del corcho que revestía las paredes del despacho parisino de Marcel Proust. O, mejor dicho, lo que ocurre es que sólo percibimos los ecos de la gran bulla. No queremos oír este ruido. Preferimos la hierba que mitiga misericordiosamente los pasos. Preferimos recordar a Virgilio.

A título de ejemplo, he aquí un fragmento del poema «Acerca de la hierba»:[1]

[1] Título original: «Etwas über Gras».

Sabemos algo sobre el mundo y el amor,
la vergüenza, las reglas que rigen
el reloj y todo cuanto ha pasado.
Sabemos demasiado, pero casi nada
de la hierba. Esos escarabajos
con armaduras de charol negras
dedican sus mudas Geórgicas
a la hierba flemática y bondadosa
que con denuedo abraza el mundo.

El lector de poesía recordará sin duda las *Hojas de hierba* de Walt Whitman, el memorable poema de su compatriota Carl Sandburg titulado «Hierba» y, huelga decirlo, el célebre poema de Wisława Szymborska «Fin y principio». La hierba capta la atención de los poetas; la hierba, una vegetación insignificante al tiempo que taimada, mísera como una huérfana al tiempo que paciente y agresiva, y capaz de sepultar cualquier civilización, de poblar el Machu Picchu y la antigua Roma—¡los viajeros del siglo XVI tuvieron bajo sus pies a la vieja Roma recubierta de una capa gruesa de detritus y poblada de hierba!—. No olvidamos que la última estrofa del poema de Szymborska dice así:

En la hierba que ha crecido
sobre causas y efectos
alguien debe tumbarse
con una espiga entre los dientes
para contemplar las nubes.[1]

Cuatro palabras sobre el autor de este poema: Michael Krüger, a quien conozco y admiro desde hace muchos años,

[1] Traducción de Ana María Moix y Jerzy Sławomirski.

es uno de los hombres de letras más trabajadores, activos e influentes de Europa, y tal vez del mundo. Es escritor, poeta y, desde hace poco, también editor, jefe de una de las mejores casas editoriales de Alemania, la Carl Hansen de Múnich. El sello en cuestión se mueve de maravilla por el intrincado mercado del libro—Michael Krüger es un hombre de éxito—. La denominación algo anticuada de *homme de lettres* se usa a menudo con un matiz ligeramente despectivo, como si quisiéramos sugerir: «Bueno, tal vez no sea un genio de la literatura, pero ¡menuda erudición la suya!». Ésta no es ni de lejos mi intención. Al contrario, estoy convencido de que Krüger, que conjuga su vocación de gran editor y—diríamos, si eso no sonara horrible—de activista literario con las labores propias de un escritor dotado de un talento auténtico, incuestionable y original, ha devuelto todo el esplendor a esta noción acuñada en Francia que todavía hoy conserva algo de su sabor a utopía del Siglo de las Luces, el sueño de una república de escritores y científicos.

¿Por qué lo admiro? Veo en él una figura noble y recta, de una erudición colosal, que cree en la fuerza de la literatura. Veo en él a un editor capaz de mantener su sello a un altísimo nivel, ejerciendo—como ocurría en otros tiempos—de amigo de sus autores, a quienes sabe cuidar, sin dejar por ello de hacer cuadrar los gastos y los ingresos de la empresa. Veo en él a un hombre lleno de encanto personal y al mismo tiempo desprovisto de esnobismo: dedica la misma atención a un novato cohibido y titubeante que a un premio nobel. O sea que es una de esas personas de quienes solemos pensar y decir: «es el último editor de este calibre», «el último caballero del mundo literario», aunque personalmente no comparto este pesimismo y creo que, detrás de cada último, se ocultan sucesores por el momento desconocidos.

¿Por qué digo todo esto? ¿Por qué no me limito a presentar la poesía de Michael Krüger? ¿Por qué voy más allá de la filología? (¿Alguien recuerda todavía esta simpática palabra: *filología*?). Menciono todas estas cosas porque me intriga, e incluso me desconcierta profundamente, el hecho de que alguien que se desenvuelve tan magníficamente en el mundo real, en el mundo visible, e incluso en el mundo de los negocios, sea capaz de contemplar en su poesía lo más ínfimo y modesto. Todos conocemos la fama que acompaña a los poetas, una fama que, por regla general, no está lejos de la realidad: una pandilla de soñadores desmañados, improductivos e introvertidos que sale de casa muy de vez en cuando y de mala gana. Y, apenas han salido, se apresuran a informar de ello a sus congéneres más prácticos, como hizo, por ejemplo, Miron Białoszewski en la inolvidable «Balada sobre la salida a la tienda». Sin embargo, Michael Krüger contradice el estereotipo. Creo que no soy el único que lo mira con tanta admiración. Al fin y al cabo, no deja de ser uno de los nuestros, un introvertido, y ¡fijaos en lo bien que se las apañó en el siglo XX y en lo bien que se las sigue apañando ahora, en el XXI! Sus poemas regresan a lo más sencillo, a las fuentes de la poesía. Son un retorno a la meditación. Nacen en una región, en un territorio, muy distinto del entorno en el que actúa de día. Es como si un deportista de élite, el ganador de una medalla de oro en las Olimpíadas, pasara sus ratos de ocio en compañía de los seres más indefensos, los niños con necesidades especiales…

Hay algo de eso: los poemas de Michael Krüger, unos versos puros y frágiles ubicados siempre al margen de la realidad de la gran metrópoli, tratan de los «niños», son un himno a los «niños de nuestro mundo», y los «niños» en cuestión pueden ser tanto los momentos pasados en una huerta abandonada como unos caracoles pensativos, las hojas del abedul, los «pájaros de cuello gris como la ceniza», los «muebles viejos» e incluso el mosquito «cuyo antepasado acompañó a Nietzsche, camino de Engadina». Y también nosotros somos niños, cuando nadie nos mira y no aparentamos ser mejores de lo que somos. Cuando no hacemos reír a nuestros amigos ni les hacemos la pascua a nuestros enemigos. Cuando no escribimos cartas al director ni publicamos comentarios en Internet. Cuando olvidamos en qué año cayó Bizancio, cómo acaba *La Traviata* y quién llevaba razón en el debate sobre el problema de los universales. En momentos así, somos niños, y es justo entonces cuando estos poemas pueden atraparnos.

¡LO QUE NO HARÁ UNA PEQUEÑA LUNA!

Ante el ardor de Rilke, un ardor presente en casi todas sus declaraciones, en la poesía y en la prosa, en los ensayos y en la correspondencia, cualquier comentario parece tibio, superfluo y académico.

En 1907, Rainer Maria Rilke vivía en París, en la rue Cassette, sexto *arrondissement*, un barrio burgués bastante opulento, aunque de transición, a medio camino entre el quinto, latino y universitario, y el séptimo, burgués a todos los efectos. Justo al lado de la rue Cassette discurría, y sigue discurriendo todavía, la rue d'Assas y, en uno de sus edificios, encontraremos la placa que conmemora la larga estancia de August Strindberg en París. Es aquí donde el dramaturgo sueco buscó en vano la piedra filosofal con la que pretendía fabricar oro—como si la filosofía y el oro no fuesen incompatibles—. Ambas calles están muy cerca de los Jardines de Luxemburgo que parecen conservar todavía los ecos de los pasos de todos los artistas y pensadores que recorrieron algún día sus alamedas recubiertas de grava.

Rilke vivía solo. El año 1907 es el momento posterior a la ruptura con August Rodin (fue el escultor quien despidió al poeta, y no al revés); recordemos que el autor de *Nuevos poemas* trabajó como secretario del artista francés. La ruptura, bastante dramática, no influyó gran cosa en el aprecio que el poeta le profesaba a Rodin: siguió idolatrando a aquel escultor mucho mayor que él y no dejó de considerarlo su maestro. Admiraba sus esculturas, pero también le imponía el hecho de que el creador de tantas obras maestras trabajara tan duro y sistemáticamente, sin esperar, a diferencia de la enorme mayoría de los poetas, la llegada de esos raros momentos de arrebato que a la hora de la verdad no sabemos cómo denominar y, a falta de un término mejor, llamamos «inspiración», «duende»—término que Federico García Lorca tomó prestado del folklore andaluz—o «Musa», al modo de los antiguos.

Admiraba la materialidad de las obras de Rodin y de su modo de trabajar que, si bien pertenecía por entero a los dominios del arte, no difería substancialmente de la labor de un carpintero, un herrero, un picapedrero o un simple albañil: cerca de la tierra, de la madera y del hierro, entre fatigas y sudores, siempre cerca del mundo sensorial, y no solamente del papel y la pluma.

Rilke deseaba ser «como Rodin», como un escultor, ansiaba expulsar lo que en su obra creativa identificaba como caprichoso y efímero—y, probablemente, en toda obra creativa poética, siempre condenada a esperar, a permanecer inactiva hasta que se le abran de repente las puertas de la imaginación—. Como iba a poner de manifiesto el destino futuro de Rilke, aquella solidez a lo Rodin le resultó inalcanzable. Como es sabido, esperó durante años al retorno del Ángel que, en 1912, había empezado a dictarle un gran ciclo de elegías en el castillo de Duino, para interrumpir al poco tiempo su majestuoso dictado por—¡menuda bagatela!—un lapso de diez años. Por lo visto, para el Ángel, el tiempo transcurría a un ritmo absolutamente distinto, y tal vez diez años no fueran más que un breve instante de su sublime existencia, justo lo que dura una siestecilla o un suspiro.

Rilke vivía en soledad: sus cartas dimanan de lo más profundo de la soledad, del corazón de las tinieblas. Pero aquella oscuridad, al igual que la famosa cámara oscura, tiene su ojo, su objetivo, tiene su propia luz. Dio la casualidad de que, en 1907, fuera posible contemplar en el Grand Palais las obras de Cézanne, fallecido el año anterior. Las cartas de Rilke sobre Cézanne son el encuentro de dos soledades, porque Cézanne también había hecho de la soledad su hogar. Cuando salía en busca de un motivo nuevo para volver luego decenas de veces al mismo lugar, y cuando después estaba ya—éstas eran sus palabras—*sur le motif*, nadie podía acompañarle. Era trabajador, obstinado y taciturno. No olvidemos que estuvo *sur le motif* incluso mientras enterraban a su madre: le fastidiaba perder tiempo, consideró que no disponía de aquellas horas libres, cosa que, no obstante, podemos calificar de conducta poco encomiable.

Estamos hablando de la soledad, pero una y otra vez nos viene a la cabeza la correspondencia, que es el antónimo de la soledad. Tenemos que estar preparados para paradojas de esta índole, porque puede ocurrir que la soledad de un artista perore largo y tendido. Hay soledades locuaces, e incluso geniales en su locuacidad.

Pero, antes, descubriremos que el encuentro de Rilke con aquellas pinturas fue un flechazo, aunque al mismo tiempo no lo fue. Rilke nos cuenta cómo tuvo que ir aprendiendo poco o poco a contemplar aquellos cuadros, a descubrir y comprender la gran sencillez de Cézanne y el casi «primitivismo» de sus lienzos. Al principio, no supo valorar eso—cosa que no debe sorprendernos—, aunque la escuela de materialidad de Rodin sin duda le fue de gran ayuda. No en vano algunas de las obras de Cézanne tienen una dosis tan alta de «bisoñez» como si fueran los pinitos de los jovencísimos estudiantes de la academia de bellas artes que empiezan a medir sus fuerzas con los bodegones: las primeras botellas, jarras, flores y frutas. Hace falta un gran refinamiento para percibir la grandeza de esta autolimitación. Y precisamente era esto lo que estaba aprendiendo el joven

Rilke, que corría a dar parte de sus nuevos descubrimientos en las cartas que dirigía a diario a su esposa.

En eso reside también la excepcionalidad de esas cartas: Rilke escribía a vuelapluma, no como el catedrático que alcanzó hace años el cupo de erudición y es capaz de pronunciar una clase magistral bastante aceptable incluso si lo despiertan a las tres de la madrugada sin ofrecerle una taza de café siquiera. Las cartas de Rilke rezuman frescura y novedad, registran observaciones y descubrimientos recientes. Su autor no tiene vergüenza de admitir que está aprendiendo, y ni siquiera le da reparo confesarle a su mujer—y, años después, a nosotros, sus lectores—que tiene una ayudante en el aprendizaje, la señorita Mathilde Vollmoeller, de quien afirma: «[es alguien] que tengo por sosegada y no escorada en consideraciones literarias» (el adjetivo «literario» siempre resulta sospechoso para un literato). ¡La señorita Mathilde Vollmoeller y Rilke! Sin embargo, Mathilde Vollmoeller no era una doña nadie—para comprobarlo, basta con consultar la Wikipedia—.[1] No fue olvidada. O, mejor dicho, sí que lo fue durante largos años, hasta que nuestra época—algo más justa que otras cuando, con toda la razón del mundo, presta especial interés a las grandes mujeres del pasado—la ha rescatado del pozo del tiempo. Era una pintora interesante, un año menor que Rilke, es decir, nacida en 1876. Murió en 1943, exiliada en Italia. Hay que reconocer que sabía mirar y formular maravillosamente bien sus observaciones, unas observaciones que Rilke retenía en la memoria y anotaba. «Sólo pintaba lo que conocía», dijo de Cézanne, con gran acierto.

Comparemos el puñado de manzanas del maestro de Aix

[1] Zagajewski se refiere a la versión alemana de la Wikipedia (Mathilde Vollmoeller-Purrmann).

con un cuadro bañado en oro y rebosante de reflejos satinados de un pintor más convencional de la escuela de los llamados *pompiers*—pongamos por caso, con *Las antorchas de Nerón* de nuestro Henryk Siemiradzki—.[1] Dos mundos distintos: aquí pobreza, allá riqueza, aquí modestia, allá fausto (¡ni que sea en el martirio!); aquí individualismo, allá pluralismo barroco; aquí un lienzo de tamaño reducido, allá gigantomanía. De Siemiradzki y sus colegas jamás se podrá decir que sólo pintaban lo que conocían. La pintura histórica se adentraba por definición en el terreno de la adivinación, de hipótesis a menudo estereotipadas, se complacía en multiplicar entes brillantes y grandiosos: el extremo opuesto al método de Cézanne.

Por otro lado, sabemos muy bien que hay una gran cantidad de cuatros históricos muy hermosos. Al fin y al cabo, Caravaggio, Rembrandt y tantos otros artistas de primera fila reproducían en algunos lienzos—¡en bastantes!—lo que no pudieron ver, o, mejor dicho, aprovechaban algo que habían observado en su mundo y en su época y lo trasladaban al pasado, a un universo imaginario bíblico o medieval. Y también sabemos que, en la jerarquía antigua, era precisamente la pintura histórica la que ocupaba el puesto más alto, muy por encima de las naturalezas muertas o los retratos. No obstante, los *pompiers*, aquellos pintores academicistas contemporáneos de Manet y Cézanne, ya no eran más que unos herederos algo caricaturescos de los maestros antiguos que estaban dotados de una imaginación que les permitía presenciar escenas de la vida de Jesucristo

[1] El cuadro *Las antorchas de Nerón*, de Henryk Siemiradzki (1843-1902), pintor polaco conocido por su arte académico monumental, donde destacaban las escenas del antiguo mundo grecorromano y del Nuevo Testamento, representa las represalias de Nerón contra los cristianos, acusados de haber provocado el incendio de Roma.

o ver la silueta del tímido David, un muchacho flacucho, sobre el colosal corpachón de Goliat.

Pero los *pompiers* no atraían la atención de Rilke. Nacido justo cuando habían llegado al mundo los modernistas más grandes, llevaba en su interior el gen del modernismo, se apasionaba por las promesas del arte renovado, por todo aquello en lo que se manifestaban la novedad y la osadía, por todo lo que no se amilanaba ante una temeraria simplificación. Le interesaban Rodin, Cézanne y Van Gogh; apreciaba en mucho a los jóvenes artistas alemanes de Worpswede, el grupo al que pertenecía su mujer, Clara Rilke, pero también la prematuramente fallecida Paula Modersohn-Becker, a quien dedicó su hermoso «Réquiem».

¿Y no será que, hasta cierto punto, Rilke actuaba movido por la envidia, la envidia noble y creativa que le provocaban la concreción y la materialidad de las esculturas de Rodin o la absoluta literalidad de los lienzos de Cézanne y Van Gogh? Porque los poetas no sólo tienen que esperar la llegada de ese algo intangible, la llegada de la musa o el duende, a ellos no sólo les está vedado trabajar con regularidad—cosa que hace que los grandes capitanes de la industria y sus oficiales de alto rango, e incluso los del más bajo, no se los tomen muy en serio—, sino que tampoco disponen de aquel universo fabuloso de intercesión, de todas aquellas herramientas y utensilios; los poetas no trabajan con pinceles, paleta y caballete, por no mencionar el mármol de Rodin, o los imponentes cinceles y martillos de los escultores. Su materia es la palabra, una palabra invisible, transparente y ubicua que está sometida a la inflación del día a día, que tiene que servir en cualquier situación de la vida: en la panadería, cuando pedimos una hogaza de pan de centeno bien cocida, en el rifirrafe con un policía, cuando nos negamos a aceptar una multa, y en una conversación con el portero o el político que (a veces) despreciamos. El mármol es otra cosa. Nadie va a la panadería con un pedazo de mármol bajo el brazo y nadie cambalachea sus pinturas al pastel por un kilo de reinetas grises. Por eso, los poetas deben esperar a que les llegue la «inspiración»—el término ya es algo cursi de por sí—para así ascender al nivel superior de la lengua y despedirse por un instante del lenguaje utilitario, cotidiano, menestral, ajado, donde el único mecanismo de salvación que permite hospedarse momentáneamente en el lenguaje poético es la guasa, el sentido del humor.

Con esto no pretendo decir que todo estribe en pasar a un registro elevado, lleno de *pathos*—el *pathos* es el asesino de la poesía—. Sencillamente se trata de dar un salto a un lenguaje vigilante, no-automático, libre de una fraseología demasiado obvia, un lenguaje cuya fuente sea la imaginación y no una comunicación lacónica, llevada a cabo mediante gestos utilitarios.

Aquello que Rilke admiraba tanto—la materialidad y el aspecto físico del arte—es lo que hacía que los antiguos situaran a los pintores y a los escultores en un puesto tan bajo de la jerarquía: no diferían apenas de los carpinteros o los albañiles, eran trabajadores manuales. Pero esto es precisamente lo que le gustaba a Rilke, que se esforzó por invertir la jerarquía antigua. Le atraían la concreción y la sensorialidad de la obra de Cézanne. Por otro lado, cualquiera que haya leído los poemas de Rilke sabe que, por aquel entonces, alrededor de 1907, el poeta estaba sufriendo una metamorfosis: había dado la espalda a sus piezas extático-subjetivas de la época anterior y soñaba con un poema que fuese como un objeto, una cosa (*Dinggedicht*). Es evidente que, en eso, Cézanne, y antes Rodin, eran los guías perfectos.

Cézanne era famoso por sus correrías por los alrededores de Aix-en-Provence en busca del «motivo», arriesgándose—Rilke se obstina en recordárnoslo—a que los golfillos lo apedreasen por «bicho raro». Cézanne caminaba mucho, no importaba si era verano o invierno, el benigno y suave invierno del sur de Francia. Claro, la montaña Sainte-Victoire no iba a venir hasta él. Rilke también paseaba horas y horas por París, mirando, observando, pero, si quería escribir un poema, tenía que volver a su casa, a su habitación solitaria, a su soledad. Los poemas no se encuentran *à plein air*. El mismo acto de escribir tiene algo de casero, de subrepticio. Es cierto que podemos escribir sentados en una piedra o en el tocón de un pino, pero no es la manera más cómoda: no nos permite olvidarnos de la anatomía, que no es un factor adyuvante ni de la lectura ni de la escritura de libros. Czesław Miłosz dijo una vez que, en cierta manera, la inmensidad de la naturaleza «anula» el acto de escribir.

La escritura es «antinatural». Un hombre delante de un caballete a orillas del mar es tolerable, esas cosas ocurren. Pero, pongamos por caso: un hombre que esté escribiendo en lo más profundo de un bosque nos va a sorprender sobremanera. Tal vez incluso nos inquiete. Hay que regresar a la seguridad de la habitación, aquí nadie le va a arrojar piedras a nuestro poeta. Aunque también es posible que el poeta le envidie al pintor incluso aquellas pedradas, porque así es como se manifiesta la resistencia del mundo. Una de las cosas que caracteriza al mundo es que, en él, también vive gente desagradable que se dedica a lanzar piedras. Y a los poetas los encontraremos más pronto en las bibliotecas que al pie de la montaña Sainte-Victoire. Los poetas permanecerán en las bibliotecas, pero con la conciencia intranquila, añorando la naturaleza. En la poesía, esta escisión entre la biblioteca y el sendero de la montaña es incurable, y creativa.

Igual de positivos e incluso hermosos son los celos que el poeta, el gran poeta, tiene de los artistas que han medido sus fuerzas no solamente con el *Dinggedicht*, el poema-cosa —una denominación o categoría algo problemática que sólo tiene sentido como programa estético—, sino con las cosas en sí, con la áspera materia del mundo, la madera, la piedra y el hierro.

A aquellos que creen que los celos son repugnantes y no ven que acompañan al amor como una sombra, digámosles para concluir: de acuerdo, tenéis razón, de hecho, lo que está en juego aquí es precisamente el amor.

SOBRE LAS TENTATIVAS DE CERRAR UNA SOCIEDAD ABIERTA

No hay duda de que los intelectuales, artistas y escritores de la Europa del Este contribuyeron a la caída del totalitarismo soviético. Sus ideas eran bien conocidas en el espacio público, y su coraje resultó más de una vez inspirador. A veces ocurre que los intelectuales, titubeantes, propensos a utilizar un lenguaje abstracto, con la cabeza a pájaros y siempre dispuestos a hacer concesiones, se vuelven figuras algo caricaturescas, pero gente como Václav Havel o Leszek Kołakowski era harina de otro costal. Huelga decir que las ideas no nos liberaron por sí solas de la opresión totalitaria, pero lo cierto es que fueron una parte importante de los métodos de lucha. ¡Vaya paradoja más triste que ahora, en la Europa unida, en una Unión Europea sometida a una severa crisis, pero todavía fiel a los principios democráticos, en una Europa con la que años atrás sólo podíamos soñar y cuyo Parlamento elegimos ahora en comicios libres, los intelectuales sean, por lo que parece, más impotentes que en los viejos y malos tiempos! Por lo visto, en algunos aspectos resultaba más fácil plantarle cara al Comité Central que hoy en día al mutismo de las grandes cifras, al lado oscuro del capitalismo o a los tenebrosos nacionalismos.

En mi país—aunque algo parecido puede ocurrir, y de hecho ya ha ocurrido, en otros países—, estamos siendo testigos de un fenómeno peligroso. He aquí que una facción nacionalista y xenófoba ha tomado el poder bajo la consigna de defender los «valores tradicionales» amenazados por la invasión de la «modernidad» y de extender su tutela a todo lo «local» que supuestamente está en peligro a causa de las novedades importadas del extranjero (lo castizo contra lo foráneo). Esta facción desearía cambiar el tren de la historia ignorando las garantías que ofrecen la constitución, el Estado de derecho y la simple decencia. La sociedad está profundamente dividida—también porque la facción en cuestión ha sabido escuchar la voz de los perjudicados—y cada vez se siente más prisionera, encerrada en la jaula de la asfixiante dicotomía política.

Quienes se interesan por el tema saben hasta dónde se remonta la disputa sobre la «modernidad», una disputa a veces fascinante y no exenta de voces nobles, bien fundamentadas filosóficamente y cargadas de una firme y ardorosa convicción personal. Paradójicamente, el modernismo europeo, ese movimiento artístico tan influyente que cambió muchas cosas en el terreno del arte y de la literatura y en nuestra actitud frente a la música, ese movimiento que, dicho lisa y llanamente, transformó nuestra manera de pensar en el arte, se caracterizó de hecho por una profunda desconfianza hacia la cambiante faz de la tierra y las modificaciones visibles e invisibles de la realidad. Un novato en el tema—que tal vez se esté preparando febrilmente para los exámenes de reválida—seguramente pensará: ajá, modernismo, está claro: aceptación de todo lo moderno, seguro que es eso, no puede ser otra cosa. Pero se equivocará de medio a medio. Los pioneros de este movimiento solían mirar con reservas la nueva Europa que emergía de las nieblas y las humaredas de la revolución industrial (y liberal). No escasean los ejemplos. Eugène Delacroix, el pintor que le abrió el camino a otra clase de revolución, una revolución estética, al impresionismo y otros ismos, no estaba libre de una fuerte nostalgia, de añoranza por la «belleza antigua» europea en vías de desaparición.

En su excelente *Diario*, una muestra de que no sólo era

un gran pintor, sino también un gran escritor y un observador de la gente y de los acontecimientos, describe su tristeza y su indignación al ver los barcos de vapor y el ferrocarril—aunque también es cierto que no llegó al límite de boicotear a los trenes; los utilizaba, lo cual es bastante característico de los críticos de la modernidad: su rebelión se detiene justo delante de la taquilla—. Sin embargo, siguió enamorado de los veleros de enormes alas blancas que desfilaban con parsimonia por el verde océano.

John Ruskin veía la civilización contemporánea de igual manera. Y Paul Valéry, tan conocido entre nosotros que, antes de la guerra, lo llamábamos Paweł Valéry, defendía la visión de una literatura clásica, tranquila, y se oponía a lo que denominaba el brutalismo de la nueva literatura. Y también defendía el mundo que había sido asesinado por el desarrollo de la industria, un mundo más calmado, pausado y proclive a la meditación. Rainer Maria Rilke habló con odio de la fealdad del nuevo París, añoraba «el viejo París» destruido por el barón Haussmann. No solamente le exasperaba la fealdad de los nuevos edificios—hoy en día más bien suelen gustarnos, porque ya no son tan nuevos y, entre tanto, han aparecido otros, más nuevos y más feos todavía—, sino también la vida en la gran metrópoli, donde no había lugar para la poesía, una vida sin rituales ni misterios.

Charles Baudelaire planteó abiertamente el tema del «viejo París» destruido bajo el reinado de Napoleón III y de su súbdito, Haussmann, el prefecto de París: en el poema «El cisne», encontramos la descripción de un solar en obras en la cercanía del Louvre, en el mismísimo corazón de la ciudad, con el caos característico de esta clase de parajes:

sólo con el recuerdo veo todo aquel campo de casuchas,
estos hacinamientos de capiteles insinuados y de fustes,
las hierbas, los toscos sillares con verdín del agua de los charcos,
y brillando en las ventanas, el gran batiburrillo.[1]

Y, en el mismo poema, sugiere—mediante la evocación de Andrómaca—que existe un paralelismo entre el derribo del viejo París y la destrucción de Troya a manos de los victoriosos y arteros griegos.

Y, en el memorable poema «La tierra baldía», T. S. Eliot le erige a la modernidad una escarnecedora y angustiosa lápida sepulcral poética: de nuevo una gran metrópoli, esta vez Londres, es un lugar donde la vida se ha convertido en una caricatura de sí misma.

Antoine Compagnon, un estudioso de la literatura francesa, escribió un libro interesantísimo titulado *Les Antimodernes: de Joseph de Maistre à Roland Barthes.*[2] En esta obra, presenta de una forma detallada—aunque no exhaustiva—la historia de las apasionadas luchas que los autores franceses más conocidos de los siglos XIX y XX entablaron con la modernidad en sus múltiples encarnaciones.

Por lo que atañe a los escritores polacos—y no pienso remontarme hasta el Romanticismo, hasta los *Libros de la nación polaca y del peregrinaje polaco* de Adam Mickiewicz—, una de las acusaciones a la modernidad más sobrecogedoras salió de la pluma de Stanisław Ignacy Witkiewicz, quien habló de la atrofia de los sentimientos metafísicos y el subsiguiente empobrecimiento de nuestras vidas.

También es posible encontrar un grupo relativamente

[1] Traducción de Pedro Provencio.

[2] Antoine Compagnon, *Los antimodernos*, trad. Manuel Arranz, Barcelona, Acantilado, 2007.

poco numeroso de grandes escritores que aplaudieron la llegada de la nueva realidad. Entre ellos está—hasta cierto punto—Marcel Proust, que, a pesar de haber permanecido bajo la influencia y el hechizo de la prosa de Ruskin, admiraba los aeroplanos y cantaba las glorias del teléfono, un invento sensacional gracias al cual el Marcel de la novela pudo oír desde lejos la voz de su queridísima abuela. No olvidemos tampoco que, en la apasionada polémica que dividió a los franceses en dos tribus enemistadas, la controversia acerca de la culpabilidad del capitán Dreyfus, aquella disputa conocida en Francia bajo el escueto nombre de *l'Affaire*, Proust se pronunció sin paliativos a favor de los defensores del oficial injustamente acusado, lo cual lo sitúa entre la gente de convicciones liberales. Hoy en día, nadie necesita recordar quién estaba en qué bando ni saber, por ejemplo, que el gran Degas se alineó en el campo contrario, al igual que Karl Kraus en Austria, y eso que ha pasado a la posteridad como liberal. Sólo que, al adentrarnos más a fondo en la espesura de la prosa de Proust, allí también encontraremos una crítica exhaustiva a la modernidad, que no tendrá suficiente con el teléfono y el aeroplano para defenderse. La obra de Proust es en su totalidad una gran defensa de la vida contemplativa, del arte y de la memoria, aspectos de la vida con los que la modernidad no se anduvo con miramientos.

Entre los más favorables a todo lo nuevo en Europa, está James Joyce, a quien la modernidad no le molestaba en absoluto. En cambio, molestaba, ¡y de qué manera!, a su compatriota Yeats, pero ¡de qué manera más hermosa e interesante!

Tengo que admitir que muchos argumentos esgrimidos por los defensores de la vieja Europa me parecen convincentes—aunque no todos—. Aquélla fue una guerra ideológica muy compleja que no podemos reducir a una fórmula simple como «progreso contra reacción» o «el Siglo de la Luces contra el Medievo». Estamos delante de un choque de actitudes y de ideas, ante un conflicto que no podemos ignorar, aun cuando sólo sea porque ha inspirado a muchas generaciones de escritores y artistas y ha configurado nuestra sensibilidad. Es más, ha configurado nuestra época. Me convencen bastante los argumentos de los que lamentan el debilitamiento del impulso religioso, el menguante papel de la imaginación en nuestras vidas o la tendencia a definir al hombre únicamente en términos biológicos. (¡El cuerpo, el cuerpo! ¡El alma es una ficción!). Sin embargo, por nada del mundo me dejaría convencer para rechazar de plano la herencia del Siglo de la Luces, si tal rechazo fuese imaginable. Es imaginable solamente sobre el papel, en el discurso: por ejemplo, el inolvidable cardenal Jean-Marie Lustiger, una figura extraordinaria, le declaró la guerra a la Ilustración, acusándola de haber engendrado las desgracias totalitarias del siglo XX.

Todo parece indicar que los europeos no conseguimos armonizar los dos elementos principales de nuestra experiencia, el día y la noche, el sentido común imprescindible para actuar—la cordura necesaria para llevar a cabo investigaciones científicas y tomar decisiones políticas—y las vivencias extáticas del arte o del destino. Nos resulta difícil caer en la cuenta de cómo se puede compaginar la experiencia religiosa con la especulación fría, la pasión con los derechos del hombre.

Recuerdo que, años atrás, di con una alabanza del libro *The Disinherited Mind* ('La mente desheredada') de Erich Heller en un ensayo de Czesław Miłosz. ¡Con cuánta pasión e intensidad leí aquel libro cuando finalmente cayó en mis manos! Erich Heller fue un fugitivo de la Alemania nazi, catedrático de filología germánica en la Northwestern University de Evanston (Illinois) y autor de muchos estudios excelentes sobre literatura alemana. Naturalmente, *La mente desheredada* no es la única obra que plantea la atrofia del impulso metafísico en la literatura europea—en este caso, con ejemplos de la tradición alemana—, pero, sin lugar a duda, es una de las más interesantes. Seguramente, costaría mucho encontrar a un poeta—exceptuando tal vez a los muy jóvenes, para quienes no existe nada más que la ironía—que no quede profundamente impresionado por la lectura del libro en cuestión. No obstante, mientras escribo esta frase, caigo enseguida en la cuenta de que estoy dando por sentado que todavía hay gente que lee *La mente desheredada*... Y tengo que admitir que esta presuposición me parece poco realista. Como es sabido, en realidad no suele ocurrir que los libros importantes, aquellos que plantean preguntas fundamentales, puedan albergar la esperanza de que, tarde o temprano, van a ser sometidos a un debate profundo. ¡Qué va! Por regla general, la humanidad lectora resuelve el tema relegando al olvido el dilema de marras y planteándose una pregunta nueva... que también acabará por olvidar. Y así hasta el infinito.

Estos debates tienen ya una edad y, a veces, nos parece que pertenecen a otra época. Sin embargo, el lector atento y amante del arte nunca va a negar que, en nuestra civilización, pervive todavía esa extraña tensión entre lo nuevo y lo racional, por un lado, y la «belleza antigua», la pena que expresa Delacroix, la añoranza de Rilke o el apego de Valéry a la vieja tradición europea, por el otro.

Llegado a este punto, no me resulta nada difícil imaginar algunas voces críticas bastante obvias: ¿a qué viene esta nostalgia elitista si pensamos en la enorme avalancha de inventos de nuevo cuño? ¿Qué significa esta epifanía sensiblera si la comparamos con el progreso que se está produciendo en el reino de los ordenadores o con los portentosos descubrimientos que se hacen, día sí, día también, en el campo de la medicina? ¡A cuántos enemigos de la modernidad no habrá salvado la vida una operación quirúrgica que hace tan sólo veinte años habría sido imposible! Cierto, ni que decir tiene. Y, no obstante… En el mundo de los imponderables que no debemos menospreciar, la falta de determinadas referencias, de determinadas energías, puede conducir a una especie de anemia que ni siquiera el mejor médico sabrá curar.

Pero hay que decir claramente: una cosa es el diálogo entre artistas y filósofos que ha contribuido a la creación de tantas obras del arte y de la literatura, y otra muy distinta aquella situación en la que ciertos puntos de vista ideológicos adquieren un carácter pragmático, ejecutivo, es decir, cuando políticos, expertos, funcionarios de los partidos, fiscales—¡ellos más que nadie!—y, al final de la cadena—¡que metáfora tan acertada!—, policías vestidos con uniforme y de paisano intentan ponerlos en práctica. El paso de la idea a la acción en el mundo real es una operación sumamente delicada. Y ésta es la gran herida que se ha infligido en el cuerpo de Europa, y no solamente de Europa. Como hemos podido comprobar, ciertas ideas que empezaron siendo hermosas porque nacieron de la búsqueda noble de la justicia social desembocaron en el gulag. A veces, el momento concreto en que las grandes ideas tomaban cuerpo se convirtió en un gran tema para los escritores, como es el caso de Dostoievski, quien, en *Los hermanos Karamázov*, mostró por lo menos dos niveles del universo humano: por un lado, las convicciones de una persona como Iván Karamázov, que lee, piensa y duda, y, por el otro, la primitiva esfera de acción de Smerdiakov; y, no obstante,

Smerdiakov no existe de una manera independiente, sino que se mueve en la sombra que arrojan los pensamientos de Iván.

Últimamente, observamos con considerable repugnancia los intentos de los grupos populistas de poner en práctica ciertas ideas pensadas a medias. Podría parecer que se trata de una operación bastante inocua. Dicen: «Nuestra tradición está amenazada». ¿De veras? ¿Por quién? Por la modernidad. Nuestra «religiosidad» y nuestra «identidad nacional» están amenazadas. ¿Por quién? También por la modernidad. Por las múltiples maquinaciones de los ateos y por la emancipación de las minorías sociales—sólo consideran tolerable, e incluso loable y digna de ser promovida, la modernidad económica, tecnológica—. Por lo «foráneo»—como si casi todo lo que ocurre hoy en día no fuese un poco «de fuera»—. Por Occidente. Nosotros somos buena gente temerosa de Dios, y otras naciones pueden contagiarnos su irreligiosidad.

Sabíamos desde hacía mucho que este tipo de tendencias estaban latentes y que, a veces, eran difundidas por publicaciones oficiosas. Ya hacía tiempo que la sociedad abierta que habíamos conseguido y en la que vivíamos estaba siendo atacada por facciones que no parecían tener muchas posibilidades en las elecciones, por algún que otro publicista y tal vez por tres filósofos. Sin embargo, ahora que aquellos ideólogos han llegado a ministros y sus convicciones privadas extremistas y a menudo fanáticas han sido elevadas al rango de razón de Estado, todo ha cambiado de una manera dramática. Para ser justos, cabe decir, sin embargo, que la formación que perdió el poder no está libre de culpa: pecó de negligente. La honestidad intelectual nos exige admitir que lo que ocurrió no sólo fue fruto del conflicto entre la «modernidad» y el tradicionalismo, sino también de las protestas justificadas de las víctimas de las reformas económicas de los últimos decenios. Sea como sea, ahora hemos visto la otra cara de una democracia que había perdido el rumbo. Todavía—¿por cuánto tiempo?—siguen funcionando los mecanismos de defensa de nuestras libertades individuales y la libertad de expresión no ha sido abolida, pero la naturaleza del Estado está tomando una deriva peligrosa, y muy pronto el único amparo para los adversarios del gobierno va a ser no la ley vigente, sino la decencia personal del juez o el funcionario de turno.

Ya no estamos delante de un Estado moderno, flexible y provisto de cierta dosis de escepticismo justificada por la historia moderna, de un Estado eficiente pero reacio a injerirse en la vida privada de los ciudadanos, sino que tenemos un Estado con unas ambiciones filosóficas y teológicas enormes. De golpe y porrazo, ha reaparecido un Estado que, como el adolescente que pregona con las mejillas encendidas sus convicciones recién estrenadas, declara haber entendido cuál es el sentido de la vida. Y eso que los Estados no entienden de filosofía. Los Estados no estudian a Descartes, ni logran comprender por qué la filosofía de Kant es un arma de doble filo. Sería triste y trágico imaginar un Estado que pasara por lo que los alemanes llaman *die Kant-Krise*, la crisis kantiana, es decir, un escepticismo total y absoluto ante cualquier forma posible de estabilidad del mundo—la crisis que afectó profundamente a Heinrich von Kleist—. Un Estado enamorado de Heidegger. Un Estado que citara los escritos tardíos de Derrida o cantara las glorias de Kierkegaard (aunque un poco de temor y de temblor haría un gran servicio a más de un gobierno). Un Estado que analizara a Carl Schmitt. Pero también sería monstruoso un Estado sacudido por los espasmos de una revolución mística o mesiánica que suministrara respuestas a todas las preguntas y a todas las dudas. El Estado no es santa Teresa de Ávila ni santa Faustina. Los Estados ni piensan, ni lloran. Los Estados organizan y toleran. Lo que amenaza a los Estados es la locura del maximalismo; lo que los cura es un minimalismo prudente.

En su célebre disertación *Fuentes del yo: la construcción de la identidad moderna*, el eminente filósofo canadiense Charles Taylor hace la siguiente observación: en la vida colectiva, allí donde actúan las reglas y las fuerzas de la organización social o administrativa, solemos regirnos con premisas que derivan del Siglo de las Luces, mientras que, en la intimidad, en las horas de privacidad, en los monólogos interiores, en los sueños y en las ensoñaciones, en la creación, al atardecer, al caer la noche, cuando se difuminan los contornos de las casas y los árboles, nos convencen más los modelos románticos.

Este orden no debe ser invertido nunca. Vivimos sumidos en una ambivalencia indeleble, en la tensión entre dos realidades, y esto no resulta nada fácil. Pero ¿quién dijo que iba a ser fácil?

LOS POEMAS DE UTZ RACHOWSKI

Utz Rachowski pertenece a la generación que conoció la literatura no solamente desde el lado del escritorio, la hoja de papel en blanco, las críticas, los premios, las ambiciones, las envidias y las estancias en elegantes Casas del Escritor, sino también a través del reto que le lanzó al sistema. Los escritores y poetas jóvenes—jóvenes por aquel entonces—que habían nacido en la extinta RDA corrían muchos más riesgos que sus coetáneos polacos. La Stasi de la Alemania Oriental—sólo alguien que desconociera por completo la lengua alemana podría asociar esta palabra con la casa de comidas U Stasi, el restaurante predilecto de la intelectualidad cracoviana de renta media-baja—era una organización omnipresente y cruel que, consciente o inconscientemente, cultivaba las tradiciones de la Gestapo.

Un amigo de Utz Rachowski, el poeta y prosista Jürgen Fuchs, pagó con la vida el conflicto con este país que ya no existe: murió de cáncer, y todas las pruebas circunstanciales apuntan a que su enfermedad se debió a las ingentes dosis de radiación a las que fue expuesto en la cárcel de la Stasi. Sin embargo, Utz Rachowski sigue vivo y continúa escribiendo todavía hoy, aunque también sufrió persecuciones y encarcelamientos.

Uno de los dilemas de aquella generación fue: ¿qué hacer después de la caída del sistema? Los escritores de aquella generación habían salido victoriosos, aunque huelga decir que no lo habían logrado en solitario, sino gracias a la colaboración solidaria de fuerzas sociales mucho más poderosas. Pero, en la literatura, la victoria puede convertirse fácilmente en derrota. La poesía sabe cómo habérselas con la tragedia, la catástrofe, la muerte, la melancolía y—¡esto es lo que se le da mejor!—la decepción amorosa, pero se muestra impotente ante la victoria. Para saber cantarle al éxito, hay que ser un Píndaro. El triunfalismo es repugnante y, además: ¿cuántos días seguidos se puede triunfar? ¿Una semana? ¿Dos? Hubo casos en que determinados representantes de aquella generación «victoriosa» permanecieron callados durante largo tiempo. Y, probablemente, también hubo quienes enmudecieron del todo, aunque yo no sabría señalar un caso concreto ni me gustaría tener que hacerlo. La generación «victoriosa» y la *lost generation*... En realidad, no hay mucha diferencia.

La literatura no es un juego. No sabría decir qué es, pero, de lo que sí estoy seguro, es de que no es un juego. No obstante, tiene elementos de los juegos y, tal vez por esta razón, la generación siguiente se complaciera tanto en hacer escarnio de los «vencedores».

El librito de Utz Rachowski titulado *Miss Suki* no nos dará respuestas a todas las preguntas relacionadas con el paradójico y doloroso dilema de la generación de Jürgen Fuchs. Así y todo, admiro su frescura, su serenidad de espíritu y su falta absoluta de tics propios de los veteranos de guerra. Y también me gusta la alianza que se establece con aquella perra o aquella perrita. Los animales tienen menos contacto con la historia que los hombres, pero, en los raros casos en que tropiezan con ella, pagan el precio más alto. En cambio, tienen mucho que ofrecernos, sobre todo esa especie de inocencia de la que carecemos tanto los vencedores como los vencidos.

ANTONIO MACHADO

Juguemos un rato a fingir que somos un biógrafo pedante: Antonio Machado nació el 26 de julio en Sevilla, o sea que tenía la misma edad que Rilke y un año más que Hofmannsthal. Su hermano, Manuel, también era un poeta conocido a quien la gente lee todavía hoy. Cuando Antonio cumplió los ocho años, la familia se trasladó a Madrid. A los veinticuatro, pasó unos meses en París, donde conoció a un puñado de poetas parisinos eminentes. Viajó a la capital de Francia por segunda vez con Leonor, la mujer a quien acababa de tomar por esposa.

Su vida no abundó en acontecimientos—las biografías de los poetas suelen ser aburridas, y lo serían más aún si no fuera por los instantes de iluminación, las horas de lectura diligente y de meditación, las tardes dedicadas a soñar y a escuchar música, e incluso los días de gran vacío que suelen estar ocupados en la preparación de futuros descubrimientos y trabajos—, algo parecido al alumno que, en clase de química, lee la *Ilíada* debajo del pupitre. Por otro lado, no podemos estar seguros de si estos instantes y estas horas forman parte realmente de la biografía, dado que, por regla general, no sabemos situarlos en el reloj ni en el calendario.

Durante muchos años, Machado fue un modesto maestro de escuela; enseñaba literatura francesa en provincias y donde ejerció más tiempo fue en Segovia. Sufrió una gran tragedia: su jovencísima y amada esposa murió de tuberculosis en el tercer año de matrimonio. Otra tragedia, de índole muy distinta, fue la guerra civil, que lo pilló en Madrid—y, a su hermano Manuel, en el Burgos ocupado por la Falange—. El último acto de su vida fue la travesía de los Pirineos rumbo a Francia cuando la República estaba cayendo. Extenuado por la huida de aquella España dominada por las tropas fieles al general Franco, Machado murió nada más llegar al pintoresco pueblo francés de Colliure, en el departamento de los Pirineos Orientales, cerca de la frontera con Cataluña. Tenía sesenta y tres años. Hay otro hecho extraordinario y conmovedor: la tumba de Machado en Colliure está siempre cubierta de flores que traen los peregrinos procedentes de España.

No fue a través de las traducciones al polaco como llegué a la poesía de Machado: por desgracia, en Polonia es casi un desconocido y sólo encontré un pequeño tomo con sus poemas en la traducción de Artur Międzyrzecki. Antes, había dado con sus poemas leyendo un grueso volumen publicado en Estados Unidos. Aquel volumen merece un momento de atención: su editor fue Stanley Burnshaw, y lo publicó la Horizon Press de Nueva York. El título: *The Poem Itself*. Año de la edición de mi ejemplar: 1981, pero en la ficha editorial leemos que el libro se publicó por primera vez en 1960.

Aquella antología tan original era fruto de la idea de acercar al lector estadounidense la poesía de los grandes poetas europeos. La portada mostraba quiénes eran los protagonistas de la obra; voy a citar alguno de aquellos nombres magníficos: Apollinaire, Baudelaire, Carducci, Char, Claudel, D'Annunzio, Stefan George, Hölderlin, Jiménez, Laforgue, Leopardi, Lorca, Mallarmé, Montale, Pascoli, Pessoa, Rilke, Rimbaud, Saba, Ungaretti, Valéry, Hofmannsthal.

Leí aquel libro no como lo leería un crítico, un analítico, un hombre sesudo cuya aspiración es hacer una síntesis, sino como lo hace un poeta, un sujeto a menudo escasamente instruido: vorazmente, ávidamente, atento y distraído al mismo tiempo, como alguien que intenta hacer suyos cuanto antes algunos elementos de las estéticas y las sensibilidades con las que va tropezando. Alguien que lee con el método del boca a boca. O bien, por utilizar un lenguaje más elegante, alguien que observa la regla de *pars pro toto*. No lee como el estudiante que se prepara para un examen o como el científico que está escribiendo un tratado de historia de la literatura europea. Quien lee siguiendo el método de *pars pro toto* no espera que lo examinen, sino que más bien le gustaría ser él quien escribiera un poema algún día.

Cuando vivía en París apartado a la fuerza del escenario de las actividades políticas que se desarrollaban en mi sombrío país y separado de mis amigos a los que nunca he dejado de sentir muy cerca, buscaba modelos de una poesía diferente de la que había intentado cultivar hasta entonces, menos comprometida y más abierta a los colores y a la variedad del mundo. Leía a poetas polacos y extranjeros, a Czesław Miłosz, Yeats, Hölderlin, Mandelstam, Vladimír Holan. Por regla general, ya los conocía, pero entonces, a mediados de los ochenta, los interpretaba de otra manera: empecé a buscar una cosa distinta en su obra. Buscaba libertad, imaginación, y también algo para lo que, en el fondo, no tenemos un buen nombre: algunos lo llaman poesía metafísica, pero el término «metafísica» aplicado a la poesía resulta bastante opaco y pomposo y, además, sugiere innecesariamente el abandono de la *physis*, la naturaleza, el universo de las cosas visibles… Y lo cierto es que la poesía no sabe ni puede alejarse de lo visible, de lo palpable. No puede abandonar el mundo. La poesía vive de lo concreto, admira lo concreto y, a veces, se horroriza de lo concreto. Cuando se aleja de lo palpable y sensorial, se convierte en retórica, en declamatoria, en el discurso de un doctrinario o en un manual de geometría.

Ahora bien, volvamos al libro *The Poem Itself* y a los poetas antologados. Entre ellos, Antonio Machado era uno de los más importantes y, en mi caso, fue un verdadero descubrimiento. Lorca era un poeta a quien llevaba tiempo leyendo y admirando, y muchos otros poetas allí recogidos formaban parte de mi panteón privado, pero, hasta aquel momento, Antonio Machado no había sido para mí más que un nombre.

¡Y, entonces, aquel nombre va, y se colma de poesía! Veamos cómo fue aquello. En la antología de Stanley Burnshaw, el apartado dedicado a Machado se abre con el poema:

> Yo voy soñando caminos
> de la tarde. Las colinas
> doradas, los verdes pinos…

El comentarista recalca el hecho de que el atardecer, la hora del día en la que se desarrolla la acción del poema, es el momento predilecto de Machado, un momento que combina la melancolía poética y la melancolía vital. Me sorprendió particularmente el final del poema («Aguda espina dorada…»), el ruego de que no priven al poeta del doloroso aguijón, de que no le alivien el sufrimiento. Precisamente este final paradójico, la petición de que el dolor se prolongue, es una maniobra maestra que nos indica que estamos ante un gran poeta—un poeta de menor calibre se habría conformado con expresar el quejido, pero Machado va más allá y pide que su corazón no experimente indiferencia, que el quejido sea permanente—. Los autores de la interminable lista de manuales de autoayuda seguramente expresarían la más categórica protesta: ¡pero si tenemos que ser asertivos, no hay que preocuparse por nada!

En el comentario a este poema, Paul Rogers menciona que, para Antonio Machado, el elemento poético «no era la palabra por su valor fónico, ni el color, ni la línea, ni un complejo de sensaciones, sino una honda palpitación del espíritu». Aquí también pude notar cuán cercano me resultaba el poeta español, aunque prefería que nadie me preguntase qué es exactamente eso del «espíritu».

Dejemos a un lado el volumen *The Poem Itself.* Cuando lo estudiaba, vivía a caballo entre París y Houston (Texas): las clases de *creative writing* en la University of Houston sólo estaban programadas para el semestre de primavera, de modo que podía pasar el verano, el otoño y parte del invierno en Europa. Cuando descubrí a Machado, busqué porfiadamente otras traducciones de sus obras, otras materializaciones del maestro español. En la librería parisina La Hune del bulevar Saint-Germain—*hune* significa 'cofa' y aquel establecimiento, otrora el lugar preferido de los bibliófilos de todo París, ya no existe en su forma original—encontré un tomo de poemas de Machado titulado sencillamente *Poésies* y publicado por Gallimard en la serie nrf, es decir, Nouvelle Revue Française, en la versión de la pareja de traductores Sylvie Léger y Bernard Sesé. Se trata de un libro bastante voluminoso que contiene una selección abundante de poemas de Machado, incluidas las piezas que el autor atribuyó a figuras apócrifas como Abel Martín y Juan de Mairena. También encontré allí los versos escritos durante la guerra civil, unos versos llenos de angustia y desesperación y, entre ellos, el poema dedicado a Federico García Lorca. Son unos poemas importantes, representativos y, sin duda, forman parte del canon de la obra de Machado, pero, por regla general, carecen del encanto de sus creaciones anteriores, escritas bajo el gran sol de Castilla con asombro y tristeza, pero con una tristeza particular, propia, y no ocasionada por la sombría tragedia del país. Tal vez me equivoque, pero me parece que Machado, que profesaba los valores republicanos, no era el más adecuado para desempeñar el papel de poeta oficial de la España democrática.

El poema que canta las glorias de Ortega y Gasset, un autor al que yo había estudiado a fondo, sin obviar su temerario ensayo sobre Goethe—de quien afirma poco más o menos que, sí, desde luego, estaba enormemente dotado, pero su talento se había apagado en el mismísimo instante en que el joven Johann Wolfgang había aceptado a los veinticinco años el cargo de ministro en Weimar y se había sometido a las convenciones de la corte—, me mostró a Machado como un poeta solitario, pero estrechamente vinculado a los demás gigantes de la generación del 98. ¿Por qué eso del 98? Una alusión a 1898, el año en que España perdió sus colonias... Tampoco faltan en Machado las referencias a Unamuno, otro corifeo de aquella insigne generación, rector de la Universidad de Salamanca.

Diría que en aquel tomo publicado por Gallimard también descubrí el poema «Iris de la noche», que me maravilló. Habla de un viaje nocturno en tren y seguramente lo conoce todo español y toda española. Luego vi que Czesław Miłosz lo había incluido en su excelente antología *Wypisy z ksiąg użytecznych* ('Fragmentos escogidos de libros útiles'). Lo que a veces impacta de la poesía de Machado es esa conjugación de ingenuidad—la voz de lo que parece un bonachón maestro de escuela de provincias—con un gran refinamiento poético e intelectual. Tal vez en esto resida el secreto de aquella poesía, o al menos ésta es la impresión que se lleva el extranjero condenado a leer los poemas de Machado en la traducción a otras lenguas. Esa pizca de ingenuidad de la poesía de Machado provoca, en primer lugar, que resulte creíble, que confiemos plenamente en él —siempre queremos confiar en los que tienen un poco de ingenuidad, aunque sólo sea una migaja—y hace que reaccionemos más vivamente a los elementos del poema que tienen un tono sofisticado e incluso especulativo y que, visto esto, nos parecen sorprendentes.

En la última estrofa de «Iris de la noche», se produce un salto insólito. He aquí que estamos en un compartimiento de lo más realista de un tren nocturno con destino a Madrid. Es una noche de abril; en el compartimiento, viaja una madre con un niño que duerme (aunque puede ver el paisaje del otro lado de la ventanilla). A su lado, otro pasajero, un «trágico viajero» que habla consigo mismo. Robert Bly interpreta la escena de otro modo: para él, el viajero está «*mad with grief*», es decir, 'loco de pena'. En la versión de Miłosz, es un «viajero doliente». Y después, en la última estrofa del poema, surge de repente la pregunta: «dinos si todos, un día, | hemos de verte la cara», la cara de Dios.

Recuerdo cómo me maravilló este fragmento del poema: que fuera posible dar un salto así desde un compartimiento adormecido donde viajan juntas la juventud y la melancolía—cada uno de nosotros ha viajado alguna vez en un tren como éste y recuerda el aburrimiento y la monotonía del recorrido, y también la monotonía de la luna plateada que acompaña al tren fielmente y con una insistencia algo molesta, como si fuera una especie de supervisora o revisora irreal—hasta la pregunta postrera que, sin duda alguna, todos nos hacemos de vez en cuando—todos excepto los ateos profesionales—.

Dicha pregunta evoca de repente la España medieval, la España de los teólogos, ¡espero que no la de los inquisidores!, y la algo más tardía España de los místicos. Por un instante, nos preguntamos si en el mismo tren, tal vez en el compartimiento de al lado, viajan también san Juan de la Cruz y santa Teresa de Ávila, y si esta última, famosa por sus habilidades prácticas, lleva en la bolsa de viaje bocadillos apetitosos, un termo con té y una botella de vino de Rioja.

Después del poemario francés, les llegó el turno a las traducciones inglesas. Di con el tomo de Robert Bly hace relativamente poco tiempo, aunque se publicó años atrás. Anteriormente, un amigo mío—me refiero a Jonathan Aaron, de Boston, en su tiempo muy cercano a Joseph Brodsky—me había hablado de un librito delgado que Faber & Faber había publicado en Londres.

Se trataba del librito titulado *The Eyes*. Su autor es Don Paterson, un poeta escocés nacido en 1963. El subtítulo explica modestamente que se trata de «*a version of Antonio Machado*», una «versión» de la poesía de Machado. En el epílogo, Paterson dice esta bellísima frase: «El Machado español no recuerda en nada la lengua inglesa y, por lo tanto, mis poemas son como la transcripción al piano de música para guitarra».

Don Paterson se ocupó básicamente de los poemas tempranos de Machado—en su selección, no están ni «Iris de la noche» ni el famoso «Retrato» al que más adelante voy a dedicar cuatro palabras—. En cambio, el gran valor del libro de Paterson reside en la calidad poética de las traducciones o, mejor dicho, de las imitaciones, ya que así suelen llamarse, según la tradición anglosajona, las traducciones libres que se alejan del original en algunos detalles y en las que destacan particularmente poetas de renombre contrastado que tienen el privilegio de arrogarse más autonomía que la que les corresponde a los traductores timoratos. Como ejemplo, pueden servir las ya clásicas *Imitations* de Robert Lowell, que, dicho sea de paso, en su momento no fueron recibidas por la crítica con un aplauso unánime. Pero Don Paterson triunfa como traductor soberano de la música española.

Tradujo de maravilla el poema del ciclo temprano *Soledades* que en el original no lleva título, sino el número LXXVIII, y que, sin lugar a duda, se cuenta entre las obras más logradas del legado de Machado. Es el poema donde éste se plantea:

¿Y ha de morir contigo el mundo mago
donde guarda el recuerdo
los hálitos más puros de la vida,
la blanca sombra del amor primero...?

Paterson empieza con una pregunta muy directa: «*So is this magic place to die with us?*». Y también termina preguntando: «*Have the crucibles and anvils of the soul | been working for the dust and for the wind?*». Los traductores franceses acaban así el poema: «*L'enclume et le creuset de ton âme | travaillent-ils pour la poussière et le vent?*» («¿Los yunques y crisoles de tu alma | trabajan para el polvo y para el viento?»). De una forma totalmente arbitraria, Paterson titula este breve poema lírico *Nothing*, lo cual tal vez sea la única solución poco acertada de todas las que propone, ya que determina de antemano la respuesta a la pregunta que Machado había dejado abierta. Machado plantea una pregunta que no tiene respuesta. Y, así, se nos muestra como un poeta no solamente nada ingenuo, sino también extraordinariamente sabio.

La magia de este poema de Machado radica, entre otras cosas, en la transición desde una primera parte más bien etérea—donde oímos hablar de recuerdos y amores que, en la pieza que nos ocupa, son abstracciones simpáticas, aunque algo vagas—a la substancia concreta a más no poder del desenlace: de pronto, nos encontramos en una fragua, y el alma ya no es una aparición nebulosa, sino una obrera del taller de un herrero que tiene los pies en el suelo y está llena de determinación. Y nos parece oír los golpes del martillo contra el yunque, unos sonidos algo anticuados hoy en día, pertenecientes al pasado, pero aun así muy concretos, sensuales y metálicos, a pesar de ser mayoritariamente un mero recuerdo. Y, de repente, nos damos cuenta de que el alma no es, no debería ser, una parsimoniosa evocación de la memoria, una remembranza lacrimosa al caer el día, sino también esfuerzo, creación y lucha por una forma exacta.

Es posible, sin embargo, que esto no sea lo más importante del poema, aunque tal vez no haya ninguna necesidad de proponer una interpretación: ¡el lector la encontrará por sí solo!

Otra clase de poemas que me llamaron la atención desde el principio son los *Proverbios y cantares*. Aquí, entre fragmentos vagamente conectados, encontramos haikus o casi haikus también más o menos enlazados que forman una especie de cadenas o cordilleras de poemas. Alguna de las secuencias está formada por estrofas muy breves, como, por ejemplo:

El acueducto romano
—canta una voz de mi tierra—
y el querer que nos tenemos,
chiquilla, ¡vaya firmeza!

O bien, del ciclo «Apuntes»:

Los olivos grises,
los caminos blancos.
El sol ha sorbido
la calor del campo.

O:

Sol en Aries. Mi ventana
está abierta al aire frío.
—¡Oh rumor de agua lejana!—.
La tarde despierta al río.

Y, al final, el poema que tal vez me haya intrigado más que todos, es decir, «Retrato». Debe de ser—lo intuyo—un poema muy conocido en España y en todo el mundo hispanohablante. Es posible que sea uno de los que los niños están obligados a aprender de memoria en la escuela, y que lo hagan de una forma mecánica, sin darse cuenta siquiera de qué clase de obra maestra se está grabando en sus ganglios cerebrales, en su materia gris impasible y obediente.

Quien ignore como yo la lengua de Machado y no disponga de una cantidad considerable de traducciones a un idioma que conozca mejor se sentirá siempre condenado a ser un admirador salvaje, un tanto bárbaro y poco cultivado. No estará familiarizado con las corrientes de la poesía española ni con los contextos que rodean la obra del poeta, desconocerá la abundante literatura que existe sobre el tema y los ensayos críticos con los que, con toda seguridad, los estudiosos españoles, talmente unos encuadernadores solícitos, han revestido la poesía de Machado. A cambio, buscará las ascuas de las metáforas y de las imágenes desparramadas aquí y allá y, a semejanza de una mariposa nocturna, volará directamente hacia la luz de la poesía, obviando los pasillos de las universidades donde resuenan las conversaciones eruditas.

Sin embargo, gracias a ello, gracias a la existencia de este magnetismo, a esta marcha hacia el fuego de las metáforas, a esta innegable fascinación, alguien así puede afirmar, y tal vez incluso demostrar, que la poesía es perfectamente traducible, que no está encerrada a cal y canto en los huertos de las lenguas nacionales, en las cárceles étnicas de las frases hechas, en los diccionarios y en los seminarios. La poesía aguarda a sus lectores, a sus adeptos, no se esconde en un solo dialecto, sino que es libre, está abierta—al menos hasta cierto punto—.

Vuelvo al poema «Retrato». Sin duda alguna, se trata de un autorretrato de Machado, por cuyas venas—lo dice la tercera estrofa—corre «sangre jacobina», pero cuya obra creativa se origina en las calmadas fuentes apolíticas («manantial sereno»). Machado separa sabiamente las pasiones políticas de la expresión artística.

La cuarta estrofa: «Adoro la hermosura», dice Machado. Y no tarda en añadir que, al lado de «la moderna estética», la estética modernista de la época, admira también «las viejas rosas del huerto de Ronsard». «Desdeño las romanzas de los tenores huecos»: aquí resuena la voz del Machado filósofo que ama el canto, pero sólo cuando es inteligente. Esto nos recuerda que la gran poesía nace de la unión nada fácil de la música y el pensamiento. Y que no puede vivir sin lo uno ni sin lo otro. La música busca redondear el verso, dotarlo de ritmo, y hace que la poesía se vuelva ligera y embriagadora, aunque, a la larga, empezamos a echar algo en falta, como si necesitáramos ambas cosas: la redondez y el obstáculo.

Afortunadamente, también existe el pensamiento, y el pensamiento es lo que tira del poema en dirección contraria, rechaza la esfericidad sin límites y plantea preguntas. Y las preguntas siempre detienen la marcha del poema, detienen la danza. Las preguntas no son musicales. O danza, o preguntas. Como es sabido, los filósofos no bailan. O lo hacen horriblemente mal. Y, en la poesía, tiene que haber ambas cosas: el filósofo tiene que echarse unos bailes, y el bailador tiene que pararse a pensar (¡fíjense!, la expresión «pararse a pensar» sugiere cierta inmovilidad).

«¿Soy clásico o romántico? No sé». No es necesario que el poeta domine el autoconocimiento, la famosa *Selbsterkenntnis* hegeliana.

En la antepenúltima estrofa, Machado declara su amor al hombre, pero en la penúltima enseguida se echa para atrás como avergonzado de su confesión y afirma: «Nada os debo».

Y, finalmente, la última estrofa, la anticipación a la muerte que, según el famoso poema del poeta castellano del siglo XV Jorge Manrique («nuestras vidas son los ríos | que van a dar en la mar, | que es el morir»), nos aguarda mar adentro, en el océano.

Y, como remate, unas palabras que me sobrecogieron profundamente, el presentimiento de las circunstancias que regirán en las postrimerías de la vida: «casi desnudo, como los hijos de la mar».

El final del «Retrato» es excepcional. ¡Imaginarse la muerte como el retorno a la nada, a la pobreza en la que todos los objetos que han sido tan caros a nuestro corazón mientras estábamos vivos pierden súbitamente su significado, y nos adentramos en el océano, en la inmensa indistinción! Así son las cosas. Al fin y al cabo, cuando morimos, partimos en la pobreza; los millonarios no pueden llevarse consigo su fortuna, los coleccionistas deben abandonar sus colecciones, y los generales desaparecen en solitario, sin sus condecoraciones, sus ordenanzas y sus subalternos. Los políticos renuncian a los partidos (o tal vez sean los partidos los que renuncien a ellos). En la hora suprema, los diputados del Parlamento ya no pueden contar con la disciplina de voto. De nada les va a servir la posición oficial del partido.

Al mismo tiempo, la imagen de «los hijos de la mar» contiene una enorme indiferencia y casi la misma dosis de alegría. *Mar*, una palabra inmensa en la que los días de calma, cuando el cielo se refleja en el espejo terso del agua, se alternan con anubarrados días de tormenta. La mar es como una gran madre. Y, para colmo, ese plural: como si la muerte nos arrebatara la singularidad, convirtiéndonos en un anónimo *pluralis* de arena y hojarasca.

Pensé en ello un día de mayo, cuando estaba en el embarcadero de Estambul, de donde zarpan barcos pequeños y ferris (básicamente ferris que van a Asia, es decir, a la parte asiática de la ciudad), y vi de pronto un grupo de mozalbetes casi desnudos que saltaban al agua una y otra vez desde un muelle encementado de poca altura. Vi sus cuerpos delgados cubiertos de gotas de agua que brillaban al sol. Aquellos chavales que se precipitaban al mar y subían a tierra a toda prisa para volver a saltar al agua, aquellos chavales indiferentes a la gente de bien que, convenientemente vestida, paseaba parsimoniosamente por el malecón, indiferentes a los turistas y a los policías, a los ingenieros y a los mendigos, a los comerciantes y a los simples transeúntes (¿existen acaso los simples transeúntes?), sumidos en el éxtasis del eterno retorno a aquel mar verde y no especialmente limpio, eran los verdaderos «hijos de la mar». De pronto, allí, en la frontera misma entre Europa y Asia, me sentí muy cerca de Antonio Machado... Como si, después de abandonar España y Colliure, se hubiera refugiado en aquel lugar para vivir eternamente en la juventud perpetua de los arrapiezos turcos.

Y sólo así sé leerlo: torpemente, fantaseando un poco, tal vez provocando la indignación de los entendidos, intentando reconstruir la poesía a partir de fragmentos de poemas españoles. Porque la poesía es *pars pro toto*. La poesía es parte y totalidad. Siempre.

EPÍLOGO

El lector encontrará en esta selección textos que han sido escritos en distintos años—muy recientemente o hace ya algún tiempo—. Sus objetivos fueron diversos: hicieron las veces de prefacio o de epílogo, fueron leídos como «conferencias», o sirvieron tan sólo para satisfacer el deseo de tomar partido en algún asunto. Todos pertenecen a un género que, al parecer, está en vías de desaparición o al menos se ve seriamente amenazado, esto es, el ensayo, una forma que no tiene nada que ver con una disertación académica y que no va a ayudar a nadie a conseguir el título de doctor, ni tampoco—me atrevería a decir sin miedo a equivocarme—le va a reportar beneficio económico alguno. El ensayo no necesita de notas a pie de página y goza de una gran libertad—permite que nos equivoquemos y, así y todo, salvar la cara o, con una pizca de suerte, incluso presentarnos con una cara nueva—. Tal vez sea precisamente el carácter desinteresado del ensayo lo que subyace en el origen de sus contratiempos, puesto que el mundo de hoy parece dar poca importancia a lo desinteresado, en vistas de que, haciendo otras cosas, escribiendo otro tipo de textos, otros libros, y si la suerte acompaña, uno puede ganarse la vida la mar de bien o ascender en la escala laboral.

Llegados a este punto, debemos hacer una distinción entre el ensayo, sea éste literario o filosófico, y aquello que, en Estados Unidos, la patria de los nuevos inventos, goza de un considerable interés por parte de los lectores bajo el nombre de *nonfiction*. La *nonfiction* es un género sumamente pragmático. ¿Acaso no es cierto que todo el mundo leerá con gusto la historia de la industria petrolífera contada con gracia o la historia de alguna que otra familia aristocrática que no aspire en absoluto al rigor académico? O algo sobre el origen de los volcanes. O bien, en un plano distinto, las confesiones de un individuo que cayó en el alcoholismo más extremo, pero luego supo recobrarse, cambió y se curó lo bastante para revelar lleno de orgullo al final de su autobiografía cuánto dinero gana anualmente y qué maravillosa es su nueva familia.

A raíz del éxito en Estados Unidos de esta clase de libros, además de talleres poéticos o clases dedicadas a futuros novelistas, en el marco de la enseñanza de la escritura creativa se ofrecen lecciones de *creative nonfiction* con el afán de salvar el ensayo mediante esta doble negación. Tal vez, con ese envoltorio nuevo, resulte posible matutear el ensayo hasta la época siguiente…

No me gustaría caer en lamentaciones—la elegía es más propia de la lírica—. Todavía es demasiado pronto para plañirnos, pero hay que observar con realismo nuestro momento histórico: redactar esbozos literarios, reflexionar despreocupadamente sobre las cosas de nuestro mundo a base de libros o de poemas escogidos, urdir vínculos entre la imaginación y el entorno real de nuestra vida: todo esto debería ponerse en el mismo saco que las especies de fauna o flora que están amenazadas de extinguirse en los próximos decenios. Así pues, el ensayo debería estar al lado de los lémures, algunas variedades de atún y de delfín, la cigüeña de Storm, el caique de cabeza amarilla, el elefante africano, el chimpancé o el pingüino de las Galápagos.

Sin embargo, resulta más fácil sacudir la conciencia del lector o del oyente hablando de seres vivos que de libros o de textos. Bien mirado, no me extraña en absoluto. El ensayo no va a encaramársele a nadie en el regazo ni a ronronear como suelen hacer, con la gracia que los caracteriza, los gatos, unos animales que, afortunadamente, no están en la lista de especies en peligro de extinción.

Uno de los atractivos del ensayo—creo que tanto para los autores como para los lectores—es el desparpajo con el que todo puede aunarse con todo: el crac de la bolsa con un poema de Ovidio en el exilio, el vuelo de la golondrina con la técnica narrativa del *Ulises*. Desparpajo, pero no libertad total y absoluta, porque no deja de ser tarea del autor convencernos a su manera de que ha descubierto una relación semejante a los enlaces entre moléculas que tan bien conocen los especialistas en química.

El sociólogo probablemente argüirá que el ocaso del ensayo tiene algo que ver con la desaparición de los nobles hacendados—unos personajes exquisitos y cultivados casi legendarios que tenían patrimonio y no aspiraban a puesto de trabajo alguno—, es decir, con la realidad económica de la sociedad actual, donde casi todo el mundo tiene que trabajar y, visto esto, lee sólo lo que considera útil para comprender mejor su cometido profesional o lo que, como mero entretenimiento irreflexivo, le puede servir para huir por un momento de la realidad. Podemos intuir que, antiguamente, el lector ideal de ensayos era una persona que disponía de mucho tiempo libre y no tenía que preocuparse por aumentar sus competencias profesionales, es decir, alguien que conocía el significado de la palabra *otium*, como se decía en tiempos remotos, o *leisure*, de acuerdo con la terminología actual.

¡Pero no! ¡Nos negamos a aceptar esta hipótesis! No es que sólo leyeran ensayos los terratenientes y los burgueses. También los leían los estudiantes y gran parte de las personas cultas, por ejemplo, los maestros de escuela. Lo apropiado era haber leído los ensayos de Thomas Mann. Los polacos atormentados por el totalitarismo, pero no solamente ellos, leían los ensayos de Miłosz.

Parece que no existe una respuesta correcta a la pregunta sobre las causas de la caída del interés por el ensayo, a no ser que consideremos que la cosa es tan evidente que no vale la pena gastar tinta para exponerla por escrito. Simplemente, el ensayo comparte destino con la mayor parte de las obras escritas. Así las cosas, tal vez la única solución que nos quede a los escritores sea escribir esbozos interesantes sin preocuparnos por los números.

La presente selección contiene básicamente textos dedicados a poetas, pero en algunos casos también a prosistas. La completa un manojo de ensayos sobre temas más generales, donde el autor se plantea preguntas sobre la situación de la literatura y, tal vez, del hombre pensante en general. No tenemos un Montaigne contemporáneo, sino que tenemos cada vez más especialistas, e incluso los poetas se convierten en especialistas de vez en cuando. No obstante, el gran ejemplo del alcalde de Burdeos, autor de los *Essais*, no deja de intrigarnos.

«¿Qué pretende usted exactamente?», oigo decir de pronto a una voz impaciente. No pretendo nada. Sencillamente me pregunto qué hacer para salvar de la extinción a este gran soplo de la literatura que nos acompaña en el amor, en la desesperación y en el júbilo, y nos prepara para la muerte, aunque ningún preparativo nos va a servir de gran cosa. A diferencia de la disertación filosófica, el ensayo no aspira a establecer nociones y categorías nuevas que se consoliden y reaparezcan en otros textos, como fichas, a veces intelectualmente exquisitas, pero siempre repetitivas. No en vano tenemos gruesos diccionarios de conceptos filosóficos, esos cementerios de ideas donde vegetan pensamientos otrora vivos que fueron descubiertos en el destello del hallazgo intelectual y luego depositados sobre un anaquel como las copas y los trofeos polvorientos de un deportista de élite. Detrás de cada uno de ellos, hay un momento de triunfo, de emoción, pero el polvo tiene más aguante que el entusiasmo.

Desde hace tiempo, me sorprende el hecho de que, en la mayoría de los casos, el filósofo aspira a fijar un puñado de categorías fundamentales, mientras que no hay nada en el mundo que el poeta tema más que eso. De manera más o menos consciente, ambiciona incrementar la cantidad de metáforas y observaciones para no repetir nunca una imagen central que ya haya sido utilizada.

Gracias a ello, el ensayo defiende ante su hermana mayor, la filosofía, la movilidad del pensamiento, la acción del pensamiento, contrapuesta a la jerarquía de las nociones. Diciendo esto, no pretendo afirmar que el ensayo sea superior a la filosofía—sería poco inteligente por mi parte—. Tal vez, a su manera, la complementa. Los ensayistas leen a los filósofos y aprenden de ellos, aunque me temo que no hay una simetría: por regla general, los filósofos no suelen echar mano a la literatura ensayística.

El ensayo también está emparentado con la poesía o, dicho de otra manera, tanto con la poesía como con los poetas. En el siglo XX, se volvió casi habitual que los poetas —de acuerdo, no todos, pero sí muchos—anhelaran una forma de expresión más intelectual, más elaborada y libre. Tal vez se tratase de una secuela de la revolución modernista europea que, más de cien años atrás, había impuesto concisión a los poetas, los había animado a ser escuetos, había colocado la imagen y la metonimia en el centro de la poesía, y casi había prohibido el tono narrativo. Había abreviado la poesía y no le permitía ser parlanchina. Así las cosas, el ensayo resultaba una especie de compensación—si, en el poema, la forma de hablar había sido reducida a lo esencial y la poesía lacónica cosechaba los elogios de la crítica, un esbozo literario podía reunir las substancias y las energías que tenían vedado el acceso al verso—. Y no me refiero a la charlatanería, sino a elementos descriptivos, polémicos o reminiscentes, lo que Tadeusz Różewicz en su importantísimo libro llamó «preparativos para una velada literaria con el autor».

Porque sabemos que a los poetas—otra vez hay que decir que no a todos—ocasionalmente les gusta comentar sus obras, responder las preguntas de los lectores, exponer alguna que otra teoría—estrafalaria o no, original o no—y hacer de filósofos o de sociólogos, dárselas de sabios. Al fin y al cabo, toda «velada literaria con el autor» o, lisa y llanamente, todo texto poético, está envuelto en una nube de significados, preguntas, conjeturas e hipótesis. Una parte cae presa de los críticos o de los reseñadores, pero el resto sigue siendo propiedad inalienable del autor y, tarde o temprano, puede ser difundido—y más en un ensayo que en otro poema—.

Huelga decir que no sólo los poetas escriben ensayos. Jerzy Stempowski era un ensayista excelente, aunque no componía versos. El contacto de Zygmunt Kubiak con la poesía se materializaba a través de las traducciones. Gustaw Herling-Grudziński clasificaba sus obras literarias en ensayísticas y narrativas. Y la lista de ensayistas eminentes que no eran poetas también es larga en otras literaturas.

Sin embargo, ¿por qué la ensayística tiene tanto atractivo para los poetas? ¿Qué es lo que buscan en ella?

Una de las preguntas que nos planteamos en el ejercicio de la poesía hace referencia a la estabilidad ética, intelectual, ya que los poemas se construyen sobre bases desiguales. Por un lado, hay elementos artesanales que están hasta cierto punto condicionados por la individualidad del autor y por la inevitable influencia de la época (nadie en el siglo XXI escribe como los poetas del siglo XVIII y, si lo hace, estará condenado a la mediocridad). Y también las convicciones filosóficas o éticas del autor, expresadas con mayor o menos énfasis, son un elemento fijo del tejido del verso. Pero el verdadero motor de la poesía es otro: el deslumbramiento que rompe la continuidad y marca el rumbo del poema, que no se ensambla fácil y automáticamente con lo constante, y constituye un momento revolucionario, imprevisible y en cierto modo salvaje. El poeta desearía ser serio y responsable, actuar en pro del bien y de la verdad, pero resulta que, bajo la piel de sus poemas, se esconde algo indómito...

Quizá el motivo más importante que impulsa a los poetas a expresarse a través de los ensayos sea la tentativa de salvar el abismo que separa los dos elementos principales del mundo poético: lo estable y lo inestable, lo previsible y lo indómito, la literatura y la epifanía.

Escribir ensayos comporta un riesgo. Goethe advirtió que sólo no se expone al fracaso aquel que no escribe. Entre los textos que forman esta selección, probablemente el más susceptible de cosechar descalificaciones sea el que confronta la materia puramente ideológica, artística, con temas políticos actuales, y donde el debate sobre la forma de la civilización europea que se mantiene vivo desde hace por lo menos doscientos años choca con la actualidad. Puede ocurrir que algún que otro lector se restriegue los ojos preguntándose con incredulidad qué pintan aquí los problemas de gacetilla y si realmente el autor no habría podido ahorrárnoslos en un libro que principalmente habla de la poesía de Rilke y de Miłosz, y de la obra de Józef Czapski, W. G. Sebald y Hanna Malewska.

Pero no olvidemos que el ensayo es una prueba, un eterno errar. Tanto en polaco como en latín y en muchas otras lenguas, *errar* significa no solamente 'equivocarse', sino también 'estar en movimiento', 'vagar', 'deambular' ignorando a dónde nos llevarán los pasos. Pero es un «errar» con la esperanza de que, al final del camino, estaremos más cerca de la verdad que el día que lo emprendimos. Aun cuando el gran Cavafis nos recuerde con ironía que la Ítaca soñada, imaginada e idealizada a la que nos dirigimos no puede ser tomada mortalmente en serio.

ESTA EDICIÓN, PRIMERA, DE «POESÍA
PARA PRINCIPIANTES», DE ADAM ZAGAJEWSKI,
SE TERMINÓ DE IMPRIMIR
EN CAPELLADES EN EL
MES DE MARZO
DEL AÑO
2026

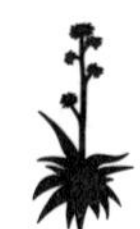

Otras obras del autor publicadas en esta editorial

TIERRA DEL FUEGO
El Acantilado, 96

EN DEFENSA DEL FERVOR
El Acantilado, 113

DESEO
El Acantilado, 118

DOS CIUDADES
El Acantilado, 133

ANTENAS
El Acantilado, 148

SOLIDARIDAD Y SOLEDAD
El Acantilado, 210

MANO INVISIBLE
El Acantilado, 242

RELEER A RILKE
Cuadernos del Acantilado, 77

ASIMETRÍA
El Acantilado, 353

UNA LEVE EXAGERACIÓN
El Acantilado, 393

VERDADERA VIDA
El Acantilado, 455

Colección El Acantilado
Últimos títulos

498. PAUL CÉZANNE & ÉMILE ZOLA *Cartas cruzadas (1858-1887)*
499. VÍCTOR GÓMEZ PIN *El ser que cuenta. La disputa sobre la singularidad humana*
500. CHRISTOPH WOLFF *El universo musical de Bach. El compositor y su obra* (2 ediciones)
501. FRANK DIKÖTTER *La Revolución Cultural. Una historia popular (1962-1976)*
502. TEJU COLE *Papel negro. Escribir en tiempos de oscuridad*
503. ANTOINE COMPAGNON *Con la vida por detrás. Fines de la literatura* (2 ediciones)
504. YANNIS RITSOS *Perséfone* (2 ediciones)
505. ADAN KOVACSICS *Acaece, sin embargo, lo verdadero*
506. GEMINELLO ALVI *Excéntricos*
507. DOMINIC LIEVEN *Rusia contra Napoleón. La batalla por Europa (1807-1814)* (2 ediciones)
508. IAN BOSTRIDGE *Pensar y cantar. Reflexiones de un cantante sobre música e interpretación*
509. MARCUS DU SAUTOY *La vuelta al mundo en ochenta juegos. Un matemático desvela los secretos de los mejores juegos*
510. RICHARD ZENITH *Pessoa. Una biografía*
511. PIERRE BONCENNE *El paraguas de Simon Leys*
512. H. LEYVIK *En las kátorgas del zar*
513. ERICH AUERBACH *La cicatriz de Ulises. Horizontes de la literatura universal*
514. LUCIO PICCOLO *Cantos barrocos y otros poemas*
515. JUAN MALPARTIDA *El mundo como ensayo*
516. SILVIA BARDELÁS *Una conciencia nueva. La urgente pregunta de quiénes somos*
517. RICHARD STOKES *Las canciones completas de Hugo Wolf. Vida, cartas, «Lieder»*
518. ANTONIO MONEGAL *La sombra del padre*